Rom

Jack Altman und
Francesca Grazzi

CITYSCAPE

JPMGUIDES

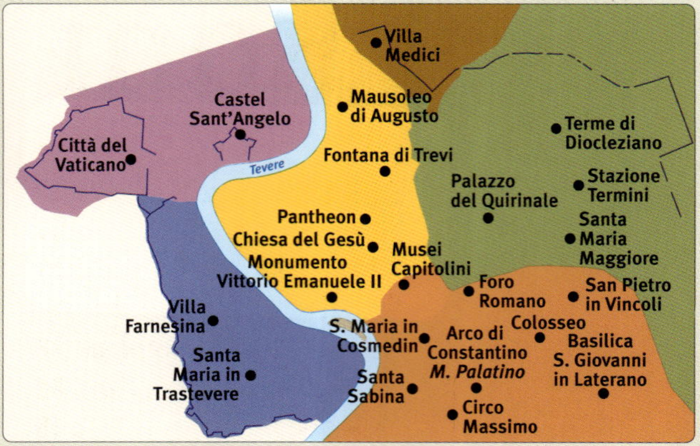

Rom ist ein Freilichtmuseum – es gibt so viel zu entdecken, dass man den Besuch gut planen muss. Wir haben die Stadt in sechs überschaubare Abschnitte aufgeteilt. Das Kapitel »Ausflüge« umfasst zudem Ziele, die mit der U-Bahn oder dem Zug erreichbar sind.

Inhalt

Unsere Favoriten haben wir in der Inhaltsübersicht am Anfang jedes Kapitels mit einem Stern ★ gekennzeichnet.

Richtung Rom

Zeitlose Stadt

Rom, einstiger Mittelpunkt eines mächtigen Imperiums und Zentrum einer Weltreligion, wurde eher zufällig zur Hauptstadt Italiens. Auf der ganzen Welt wird die große Stadt verehrt, im eigenen Land dagegen mit erstaunlicher Herablassung behandelt. Die Mailänder tun Rom hochnäsig als Provinznest ab, den Florentinern ist es nicht edel genug, wieder andere beanstanden die bewusst gepflegte Gleichgültigkeit der Römer, den *menefreghismo*. Über solche Kritik können diese aber nur lachen – schließlich nennen sie die wunderbarste Hauptstadt Europas ihr Eigen.

Rom lebt seit alters von Regierung, Religion und Fremdenverkehr. Um einen unablässigen Zustrom von Pilgern und Touristen zu garantieren, handhabten Kaiser und Senatoren, Päpste und Kardinäle, Staatsoberhäupter und Ministerpräsidenten die Formel »Brot und Spiele« mit jeweils nur geringfügigen Abwandlungen.

Über die Jahrhunderte entstand so eine Bürgerschaft von lächelnden Zynikern, die genau wissen, dass man in dieser Stadt nur dank Beziehungen überlebt. Wer einen Parkplatz, eine Audienz im Vatikan oder einen guten Sitz beim Fußballspiel möchte, muss den richtigen Mann an der richtigen Stelle kennen. Selbst die geistlichen Würdenträger scheinen in die hohe römische Kunst der *combinazioni*, des geschickten Manövrierens, eingeweiht zu sein. Man sehe sich nur die Nonnen an, die sich auf Motorrollern elegant zwischen den Autos durchschlängeln. Oder die Priester mit ihren reflektierenden Sonnenbrillen, die an die Zeit der *Dolce Vita* erinnern...

Die Römer haben gut lachen – alle Kriege und alle städtebaulichen Verunstaltungen, die despotische Päpste, Nationalisten des 19. Jh. und faschistische Diktatoren auf dem Gewissen haben, konnten dem geschichtlichen Reichtum der Metropole nichts anhaben.

Die unverwüstliche Ewige Stadt macht aus ihrer Zugehörigkeit zu allen bedeutenden Zeitabschnitten der westlichen Zivilisation kein Hehl. Während Sie Ihren Cappuccino auf der Piazza Navona genießen, sehen Sie vielleicht, wie ein weiß gekleideter Polizist versucht, einen Ferrari anzuhalten, der um den berühmten Brunnen Berninis aus dem 17. Jh. herumkurvt. Säulen, Bogen und Steinmetzarbeiten heidnischer Tempel wurden zum Bau barocker Kirchen inmitten der Ruinen des Forums wieder verwendet. Die modernen Autostraßen, die von der Stadt in alle vier Himmelsrichtungen ausstrahlen, tragen noch ihre lateinischen Namen: Via Aurelia, Via Appia, Via Flaminia und Via Cassia.

Der Petersdom steht über dem Grab des hier im 1. Jh. als Märtyrer gestorbenen Apostels. Der Vatikanische Palast und die Museen vereinen die Glanzstücke des etruskischen, griechischen und römischen Altertums mit bedeutenden Schätzen aus Renaissance und Barock – aber auch eine *Kreuzigung* Salvador Dalís und Bischofsgewänder nach Entwürfen von Henri Matisse. Und nirgendwo kommt einem die Verquickung der Zeitalter stärker zum Bewusstsein als beim Besuch einer Verdi-Oper vor der monumentalen Kulisse der Caracalla-Thermen.

Wenn auch nur wenige große Künstler aus Rom selbst stammen, so beflügelte doch die besondere Beziehung der Stadt zur Ewigkeit und zur weltlichen und geistlichen Macht Maler, Bildhauer und Architekten zu genialen Meisterwerken: Michelangelo schuf seinen *Moses* und die Fresken der

Sixtinischen Kapelle, Bernini den Petersplatz, Caravaggio und Domenichino schmückten Kirchen mit großartigen Malereien.

Glücklicherweise ist aber in Rom nicht alles »ewig«. Man begeistert sich hier ebenso für die kurzlebige Welt der neusten Mode. Nicht weit von der Piazza di Spagna findet man in den engen Gassen der Via Condotti, Via Borgognona und Via Frattina die exklusivsten Boutiquen der Welt. Erschwinglicheres gibt es an der Via Tritone und Via del Corso. Wer moderne Kunst und Antiquitäten liebt, kommt in der Via Margutta und der Via del Babuino auf seine Kosten.

Rund um die berühmte Spanische Treppe können Sie beobachten, wie Rom jedes Lebensalter anspricht: Jugendliche lassen sich auf den Stufen nieder, ältere Damen trinken Kaffee bei Babington's, und anspruchsvolle Liebespaare treffen sich im Antico Caffè Greco.

Stadt der neun Hügel

Für den Bau einer Stadt war die geschützte Lage auf einer Halbinsel im Tiber ideal – und als Ausgangspunkt zur Eroberung des Mittelmeers wie geschaffen. Der ursprüngliche Siedlungskern Roms wurde auf sieben Hügeln errichtet. Bau und Wiederaufbau, Landaufschüttungen und Erdbeben haben die – nie mehr als 50 m hohen – Anhöhen um das Flussknie am Tiber verformt und abgeflacht.

Der Kapitolinische Hügel am Ostufer, den Michelangelos Piazza Campidoglio krönt, ist die Stätte des antiken römischen Kapitols; heute steht hier das Rathaus. Südlich davon erhebt sich über dem Forum der Palatin, auf dem der Legende nach 753 v. Chr. die Stadt gegründet wurde.

Nördlich vom Kapitolinischen Hügel steht der Quirinal mit dem Palast des Staatspräsidenten. Sein Nachbar, der Viminal, ist verschwunden. Auf dem Esquilin östlich davon (auch er kann kaum mehr als Hügel bezeichnet werden) befindet sich die Kirche Santa Maria Maggiore; der Caelius ist fast ganz vom Celimontana-Park bedeckt. An den südlichen Ausläufern der Altstadt liegt fern vom Verkehrsgewühl der Aventin, einst eine heilige Stätte, heute ein freundliches Wohnviertel.

Am anderen Flussufer gibt es zudem zwei weitere Hügel, den Janiculus und den Vatikanhügel. Wenn man diese beiden Anhöhen nun zu den sieben klassischen Hügeln dazuzählt, so hat Rom – *neun* Hügel.

1749

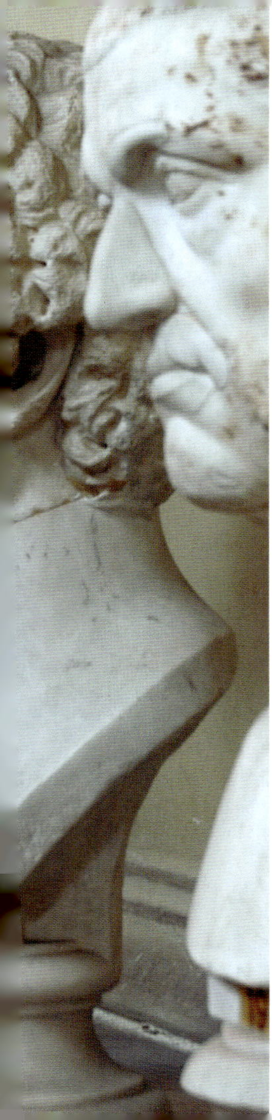

Rückblende

Von der Monarchie zur Republik
Langlebige Legenden haben oft einen wahren Kern. Dies gilt auch für die berühmte Geschichte von der Stadtgründung Roms 753 v. Chr. auf dem Palatin, die den von der Kapitolinischen Wölfin gesäugten Zwillingen Romulus und Remus zugeschrieben wird. Tatsächlich kann man archäologischen Funden zufolge annehmen, dass hier um die Mitte des 8. Jh. v. Chr. eine erste Siedlung bestand. Auf dem Palatin, dem Kapitolinischen Hügel und dem Aventin baute man fern vom malariaverseuchten Sumpfland am Tiber um diese Zeit Dörfer. Das Ostufer des Flusses und heutige Stadtzentrum wurde sogar schon während der Bronzezeit (um 1500 v. Chr.) besiedelt.

Die Zwillingsbrüder können aber auch als Metapher für die latinischen Schafhirten und Bauern (Romulus) und die etruskischen Händler und Handwerker (Remus) aufgefasst werden. Der Legende nach ermordete Romulus später seinen Bruder, genauso wie die Stämme der Latiner und Sabiner sich die etruskische Zivilisation unterwarfen, um sie schließlich zu vernichten. Rom verdankt seine ersten Stadtmauern, das Kanalsystem der Cloaca Maxima zur Entwässerung des Sumpfgebietes und den Circus Maximus den etruskischen Königen.

509 v. Chr. stürzten die Römer ihren letzten etruskischen Monarchen, Tarquinius Superbus, und errichteten eine Adelsrepublik. Während der nächsten 400 Jahre lagen sich Patrizier und Plebejer (nichtadelige Bürger) in den Haaren. Diese wählten Volkstribune, die sie vor Gericht vertraten und eine regelmäßige Getreidezufuhr garantierten. Die wenigen wohlhabenden Plebejer setzten sich derweil für soziale und politische Gleichheit ein.

Blütezeit und Niedergang

Abgesehen von einem zeitweiligen Rückschlag durch eine Gallierinvasion 390 v. Chr., eroberte Rom bald die ganze Apenninen-Halbinsel und dehnte den Herrschaftsbereich auf die benachbarten Mittelmeerländer aus. Der Adelsstand wollte die ganze Siegesbeute für sich; aufmüpfige Plebejer bezahlten mit ihrem Leben. Aus den Wirren des Bürgerkriegs ging Julius Cäsar als Sieger hervor. Da seine Diktatur eine Bedrohung für die sorgfältig ausgewogene Macht der Patrizier darstellte, wurde er 44 v. Chr. ermordet.

Cäsars Adoptivsohn Octavian schaltete nach 17-jährigen Kämpfen seine Rivalen Brutus und Antonius aus und wurde als Augustus erster römischer Kaiser. Unter seiner Herrschaft wurde Rom zur Reichshauptstadt, von der wir heute die Überreste bewundern können: das Forum und den Sitz des Senats, Tempel, öffentliche Bäder und Theater.

Nach der Kreuzigung Jesu wurden jüdische und christliche Flüchtlinge und Sklaven nach Rom deportiert. Im Jahre 64 beschuldigte Nero die Christen, die Stadt in Brand gesteckt zu haben, und ließ die Apostel Petrus und Paulus hinrichten. Kaiser Vespasian veranlasste den Bau des Kolosseums, in dem die grausamen Gladiatorenkämpfe stattfanden. Sein Sohn Titus errichtete anlässlich seines Sieges über die Juden einen Triumphbogen; und die Trajanssäule erinnert an die Eroberungen des Kaisers, unter dem das Römische

Reich seine größte Ausdehnung erreichte. Hadrian, ein besonders kultivierter Kaiser, ließ das prachtvolle Pantheon und ein Mausoleum errichten, das heute als Engelsburg bekannt ist.

Während das 1. Jh. unter der Herrschaft des Augustus' im Zeichen einer regen Bautätigkeit stand, galt das 2. Jh. als Zeit der Aufklärung unter dem Philosophenkaiser Mark Aurel. Er verbesserte die Lebensbedingungen der armen Schichten, milderte grausame Gesetze und schritt gegen die Brutalität der Gladiatoren ein. Doch die Christen, eine wachsende Gefahr für das Reich, wurden weiter verfolgt.

Der Niedergang Roms begann im 3. Jh. mit den von Heerführern in Nordeuropa und Asien geschürten Machtkämpfen. In einer Zeitspanne von 75 Jahren regierten 25 Kaiser – bedingt durch unaufhörliche Staatsstreiche.

Christen und Barbaren

Kaiser Konstantin (306–337) wusste die unaufhaltbare Ausbreitung des Christentums für seine Zwecke zu nutzen. Er machte es zur Staatsreligion (auch wenn er selbst den neuen Glauben erst auf dem Totenbett annahm) und verlegte seine Hauptstadt 330 nach Byzanz, dem späteren Konstantinopel. Bevor dies zum Zerfall des Kaiserreichs in Ost- und Westrom führte, entstanden in Rom die ersten christlichen Kirchen, darunter die Lateranbasilika und die Peterskirche.

Während Byzanz aufblühte, erlebte Rom eine Zeit der Zerstörungen und Plünderungen. Die Barbaren verheerten die Stadt: 410 die Westgoten, 455 die Vandalen, 100 Jahre später die Ostgoten. Die Bevölkerungszahl sank von 1 Million

HISTORISCHE KRIMIS

Verschiedene moderne Autoren haben das antike Rom zur Kulisse ihrer Kriminalromane erkoren, die eine unterhaltsame Einführung in die Geschichte der Ewigen Stadt versprechen. Dazu gehören etwa Steven Saylors *Das Lächeln des Cicero*, in dem Gordianus, der »Sucher«, einen Mordfall aufklären muss. Weitere Krimis, die im alten Rom spielen, sind *Der Frevel des Claudius* von John Maddox Roberts oder die Bücher der produktiven englischen Autorin Lindsey Davis, in denen der liebenswerte Detektiv Marcus Didius Falco in alle möglichen verzwickten Situationen gerät: *Kupfervenus, Silberschweine* und *Bronzeschatten*, um nur einige zu nennen.

ROMS MALER AUF EINEN BLICK

Diese Aufzählung soll Ihnen helfen, das Gewirr der verschiedenen Namen italienischer Maler und Bildhauer zu überblicken. Der gebräuchliche Künstlername ist fett gedruckt, danach folgt der Familienname.

- **Angelico**, **Fra**, Guido di Pietro, Fra Giovanni da Fiesole, auch Beato Angelico, 1387–1455.
- **Baciccia** oder **Baciccio**, Giovanni Battista Gaulli, 1639–1709.
- **Bramante**, Donato d'Angelo, 1444–1514.
- **Carracci**, Annibale, 1560–1609.
- **Cavallini**, Pietro Cerroni, ca. 1250 bis ca.1330.
- **Domenichino** (il), Domenico Zampieri, 1581–1641.
- **Guercino** (il), Giovanni Franceso Barbieri, 1591–1666.
- **Michelangelo**, Michelangelo Buonarroti, 1475–1564.
- **Palma il Vecchio**, Jacopo Negretti, um 1480–1528.
- **Palma il Giovane**, ebenfalls Jacopo, um 1548–1628.
- **Parmigianino** (il), Francesco Mazzola, 1503–1540.
- **Pinturicchio** (wörtlich »Kleckser«), Bernardino di Betto di Biagio, um 1454–1513.
- **Raffael**, Raffaello Santi (Sanzio), 1483–1520.
- **Sangallo il Giovane**, Antonio Cordini da, 1484–1546.
- **Sarto**, Andrea del, Andrea d'Agnolo, 1486–1531.
- **Tintoretto**, Jacopo Comin oder Robusti, 1518–1594.
- **Tizian**, Tiziano Vecelli(o), (um) 1490–1576.

Michelangelo, die Sixtinische Kapelle

Carracci, Mariä Himmelfahrt

unter Mark Aurel auf nur mehr 50 000 im Jahre 476, als der Germane Odoaker den letzten römischen Kaiser Romulus Augustulus absetzte.

Indes gewann die Kirche an Einfluss. Papst Leo I. bewog die Hunnen dazu, Rom zu verschonen, und hinderte die Vandalen daran, die ganze Bevölkerung niederzumetzeln. Im Jahre 800 ließ sich Karl der Große in der Peterskirche zum Kaiser des »Heiligen Römischen Reiches Deutscher Nation« krönen, was die Stellung des Papstes noch verstärkte.

Die folgenden Jahrhunderte brachten Rom Kämpfe unter den eigenen Adligen, wiederholte Angriffe der Sarazenen im 9. Jh., der Normannen im 11. Jh., Streitigkeiten zwischen päpstlichen und kaiserlichen Armeen – bis sich die Päpste 1309 gezwungen sahen, nach Avignon ins Exil zu gehen. Weiteres Blutvergießen gab es bei Schlachten zwischen dem Adel und den Republikanern unter Führung des Volkstribunen Cola di Rienzo.

Renaissancepäpste und Störenfriede

Nachdem Papst Gregor XI. die »Babylonische Gefangenschaft der Kirche« 1376 mit seiner Rückkehr nach Rom beendet hatte, erlebte das Papsttum eine neue Blüte. Im 15. und 16. Jh. wurde die Renaissance der Wissenschaft und der Künste gefördert. Die Peterskirche wurde neu gebaut, und jeder Papst ließ dem Vatikanpalast neue, prachtvolle Räume anfügen. Nikolaus V. gründete die Vatikanische Bibliothek, Julius II. ließ Michelangelo die Sixtinische Kapelle ausmalen, und der hochgebildete Medici-Papst Leo X. stellte Raffael und den Bildhauer Bramante an. Der Glanz des römischen Kaiserreichs erwachte im Geist des Humanismus zu neuem Leben.

Doch diese üppige Prachtentfaltung brachte Korruption und neue Gewalt mit sich. 1527 plünderten die Söldnerheere Karls V. die Stadt (»Sacco di Roma«). Noch größere Gefahr drohte durch die Reformation; nur eine starke Organisation konnte der Autorität der katholischen Kirche neues Gewicht verleihen. Der 1534 gegründete Jesuitenorden wurde beigezogen. Dieser förderte den Barock in der Architektur (von Bernini verkörpert) und die Darstellung christlicher Thematik in Malerei und Bildhauerei. Die Protestanten verließen die Stadt und flüchteten in die Schweiz. Römische Juden wurden erstmals ins Ghetto abgeschoben. Die Inquisition verfolgte Ketzer: der Philosoph Giordano Bruno wurde verbrannt, und Galileo Galilei wurde gezwungen, seine wissenschaftlichen Erkenntnisse zu widerrufen.

Italienische Hauptstadt

Während das 18. Jh. der Revolution entgegenging, übernahmen die österreichischen Habsburger die Herrschaft in Italien und enthoben das Papsttum seiner Macht. Als 1798 die Französischen Revolutionstruppen in Rom einmarschierten, um die Republik auszurufen, stießen sie auf keinerlei Widerstand. Nach Napoleons Niederlage (1814/15) begann die Zeit des *Risorgimento*, der politischen und sozialen Bewegung, die später zur staatlichen Einheit Italiens führen sollte. 1831 unterdrückte Papst Gregor XVI. Aufstände im Kirchenstaat mit österreichischer Hilfe.

Mit Rückendeckung von Giuseppe Garibaldis feuriger *Risorgimento*-Armee rief Giuseppe Mazzini 1848 eine neue Römische Republik aus, und Papst Pius IX. sah sich zur Flucht gezwungen. Sechs Monate später kehrte er im Schutze der Truppen Napoleons III. nach Rom zurück. 1861 nahm Viktor Emanuel II. den Titel »König von Italien« an; Rom und der Kirchenstaat wurden jedoch erst 1870 zurückerobert und in das Königreich eingegliedert. Der Papst ging erneut ins Exil – diesmal aber nur in den Vatikan, und Rom wurde zur Hauptstadt des geeinten Italiens.

20. und 21. Jahrhundert

Der Nationalismus des 19. Jh. in Rom war ursprünglich eine idealistische Unabhängigkeitsbewegung. Doch als man 1911 auf der Piazza Venezia das monströse Monument für König Viktor Emanuel II. einweihte, war dieses Symbol der italienischen Einheit zum Ausdruck der sich verbreitenden nationalistischen Ideologie geworden. Diese Einstellung erklärt die Begeisterung, mit der die Italiener den 1. Weltkrieg und später die Faschisten begrüßten. Nach Benito Mussolinis Marsch auf Rom (1922) ernannte der König ihn zum Ministerpräsidenten; bald wurde Mussolini zum Diktator.

Il Duce, wie sich Mussolini gerne ansprechen ließ, zerstörte skrupellos historische Viertel Roms, um Platz für bombastische Neubauten zu schaffen. Kein Wunder, dass dieser Mann, der sich als direkten Nachkommen der größten römischen Kaiser betrachtete, das Mussolini-Forum erstellen ließ; dieser Sportkomplex heißt heute Foro Italico. 1943 wurde der Diktator abgesetzt und zwei Jahre später von italienischen Partisanen erschossen.

Dank der Lateranverträge von 1929 war der Katholizismus (bis 1984) Staatsreligion und der Vatikan ein unabhängiger Staat. Kardinal Eugenio

Pacelli, der das Konkordat mit Deutschland aushandelte, ging als Papst Pius XII. (seit 1939) in die Geschichte ein. Während der deutschen Besatzung 1943 wurden 2000 römische Juden deportiert. Das zur »offenen Stadt« erklärte und deshalb von Bombenangriffen weitgehend verschonte Rom wurde 1944 von den Alliierten befreit.

An die Stelle der Monarchie trat 1946 die Republik. Nach dem Krieg blühte Rom im Zuge des wirtschaftlichen Aufschwungs auf. 1960 war Rom Gastgeber der 17. Olympischen Sommerspiele. Federico Fellini setzte den 60er-Jahren in seinem Film *La Dolce Vita* ein Denkmal. Nach 1970 erlebte Rom dunklere Zeiten: Bombenanschläge und Entführungen durch Neofaschisten und die linksextremen Roten Brigaden erschütterten die Stadt.

Das »Heilige Jahr 2000« war in Rom Anlass zu großen Feierlichkeiten. Die Stadt – besonders der Vatikan – wurde herausgeputzt, und man organisierte unzählige Veranstaltungen für mehr als 25 Millionen Besucher allein in jenem Jahr. Als Papst Johannes Paul II. 2005 nach fast 27 Jahren im Amt starb, wohnten 4 Millionen Gläubige und 200 Staats- und Regierungschefs der Abdankung in Rom bei.

Stadtbummel

DAS ANTIKE ROM

Dieses Kapitel erforscht die klassischen Altertümer, von den verstreuten Resten des Forums und dem Kolosseum zur friedvollen Via Appia Antica, auf der einst römische Legionen bis Brindisi marschierten, um von dort nach Nordafrika und in den Orient zu segeln.

DAS VIERTEL AUF EINEN BLICK

Piazza del Campidoglio (E4) Der trapezförmige Platz auf der Kuppe des Kapitols und die Cordonata, die Treppe, die zur Via del Teatro di Marcello hinunterführt, entstanden nach einem Entwurf von Michelangelo. Auch der Palazzo Nuovo und die neuen Fassaden des Palazzo dei Conservatori und des Palazzo Senatorio (der heute als Rathaus dient) sind sein Werk.

Musei Capitolini (E4) Für die Kapitolinischen Museen – die ältesten in Europa – trifft jeder Ausdruck der Bewunderung zu. Die Sammlungen sind auf den vor allem der Bildhauerei gewidmeten Palazzo Nuovo und den Palazzo dei Conservatori gegenüber verteilt; in diesem stehen klassische Statuen in einem seit dem

Vom Forum Romanum in die Kapitolinischen Museen: die Konstantin-Statue.

16. und 17. Jh. unveränderten Rahmen. Hier sehen Sie die Kapitolinische Wölfin aus dem 5. Jh. (Romulus und Remus kamen erst im 15. Jh. hinzu) und den *Spinario* (Entstehungsdatum unbekannt) – einen Knaben, der auf einem Stein sitzt und sich einen Dorn aus dem Fuß zieht. Im 2. Stock werden Meisterwerke von Caravaggio, Barbieri, Pier Francesco Mola, Tizian und Veronese gezeigt. Verblüfft steht man vor den riesigen Körperteilen draußen im Hof – hier ein Kopf, dort ein Unterarm und ein Fuß; sie stammen von einer einst vier Stockwerke hoch aufragenden Konstantin-Statue, die 1487 in der Maxentius-Basilika auf dem Forum Romanum gefunden wurde. • Täglich (außer Mo) 9–20 Uhr (der Schalter schließt eine Stunde früher), an Feiertagen geschlossen. Für die herrliche Panoramaterrasse des Caffè Capitolino gelten dieselben Zeiten. • Piazza del Campidoglio

Colonna Traiana (F4) Die 40 m hohe Säule ist eines der wenigen Baudenkmäler, die über die Jahrhunderte fast unversehrt blieben. Die einst in leuchtenden

Farben bemalten spiralförmigen Flachreliefs zeigen Darstellungen aus den Dakerkriegen. Durch winzige Fenster fällt Licht auf die bis zur Spitze führende Wendeltreppe im Innern (nicht zugänglich). **• Via dei Fori Imperiali**

Foro Romano (F4–5) Bevor das Forum Romanum, der Marktplatz des alten Roms, angelegt werden konnte, musste zunächst das sumpfige Tal zwischen den Hügeln Quirinal, Viminal, Palatin und Kapitol entwässert werden. Die schon um 600 v. Chr. von Tarquinius dem Alten begonnene Cloaca Maxima (Große Kloake), die neben der Palatinbrücke in den Tiber mündet, ist heute noch in Betrieb! Die im 18. Jh. in Angriff genommenen archäologischen Ausgrabungen dauern an. Vom Campidoglio bietet sich ein herrlicher Blick über die Via Sacra, den Heiligen Weg, auf dem einst Triumphzüge und religiöse Prozessionen quer über das Forum stattfanden. Neben all den Tempeln, Säulen, Basiliken, Bögen, Palästen, Thermen und der Rostra (Rednerbühne) sind besonders der Titusbogen und die Ruinen der großartigen Basilika des Maxentius und des Konstantin zu erwähnen. **• Täglich 9 Uhr bis etwa eine Stunde vor Sonnenuntergang • Eingänge: Largo Romolo e Remo, Piazza Santa Maria Novella**

Fori Imperiali (F4) Als sich das Forum Romanum für das öffentliche Leben als zu klein erwies, legten die Kaiser in der gleichen Gegend weitere Foren an. Auf dem Cäsarforum (54–46 v. Chr.) sind der Venustempel und die Überreste der Basilica Argentaria zu sehen. Es folgten das Forum Augusti (32–31 v. Chr.), das des Vespasian (69–75 n. Chr.), das von Domitian begonnene und 97 von Nerva vollendete Forum des Nerva und das gut erhaltene Trajansforum (107–13), ein Meisterwerk des Apollodorus aus Damaskus, das mit Kriegsbeute aus dem eroberten Dakien finanziert wurde. **• Geführte Besichtigung So 11 Uhr (ital.), Mi, Sa und So 15 Uhr (engl.); Besichtigung mit Audioführern: Fori Traiani und Foro di Augusto: Di und So 10–12 Uhr, Fori di Cesare und Nervia: Fr–So 10–10.50 und 15–15.50 Uhr • Via dei Fori Imperiali**

Monte Palatino (F5) Es wird vermutet, dass die im November 2007 entdeckte, mit Mosaiken und Muscheln geschmückte Grotte das legendäre Lupercal ist, in dem die Wölfin der Sage nach Romulus und Remus säugte. Der von Pinien und Blumen bestandene Hügel ist eine der angenehmsten archäologischen Stätten Roms. In der Nähe liegen die prachtvollen Farnese-Gärten. Vom Palatin aus herrschten die Kaiser über die 54 Millionen Bewohner eines Reichs, das vom Atlantik bis zum Euphrat und von der Sahara bis zur Donau reichte. Sehr sehenswert sind die Domus Augustana (die Privatresidenz des Kaisers), die Domus Flavia und das Haus der Livia. • Selbe Öffnungszeiten wie das Foro Romano • Piazza Santa Maria Nova 53, Zugang vom Foro Romano

Santa Maria in Cosmedin (E5) Die im 6. Jh. gegründete, mehrmals umgestaltete und restaurierte Kirche war Andachtsstätte der griechischen Gemeinde. Hinter einer ganz schlichten Fassade verbergen sich im Innern prachtvolle Mosaiken und andere Kunstwerke, wie etwa der Bischofsstuhl und der gotische Baldachin über dem Hauptaltar. Die Bocca della Verità in der Vorhalle, eine dicke Marmorscheibe mit einem Gesicht, diente seit dem 4. Jh. v. Chr. vermutlich als Brunnen- oder Kanalisationsdeckel. Der Legende nach beißt der »Mund der Wahrheit« jeden Lügner in die Finger – um sich der Treue seines Ehegatten zu versichern, ließ man ihn also einfach seine Hand in den steinernen Mund stecken… • Täglich 10–17 Uhr • Piazza della Bocca della Verità

Santa Sabina (E6) Dank einer Restaurierung im Jahre 1914 hat diese frühchristliche Basilika ihre ursprüngliche Schlichtheit wiedergewonnen. Durch die Kirchenfenster aus dem 9. Jh. fällt Licht auf die weißen korinthischen Säulen; das im 5. Jh. aus Zedernholz geschnitzte Hauptportal stellt auf 18 Tafeln Bibelszenen dar. • Täglich 7–11.30 und 15.30–19 Uhr • Piazza Pietro d'Illiria 1

Piazza dei Cavalieri di Malta (E6) Dieser den Rittern des Malteserordens gewidmete Rokokoplatz wurde 1765 von Piranesi entworfen. Ein Blick durch das berühmteste Schlüsselloch Roms im grünen Tor des Palazzos mit der Hausnummer 3 gibt durch zwei Reihen Zypressen den Blick frei auf die Peterskuppel.

Arco di Costantino (F5) Der größte und besterhaltene antike Triumphbogen entstand anlässlich des Siegs Kaiser Konstantins über Maxentius im Jahr 312. Die Friese und Reliefs stammen von älteren Denkmälern. • Piazza del Colosseo

Colosseo (F–G5) Kaiser Vespasian wählte als Standort für das riesige Stadion – das größte Amphitheater des Altertums – die Stelle aus, an der Neros Privatsee lag. Im Jahr 80 weihte sein Sohn Titus das Bauwerk ein, das Fest dauerte

Ruinenbewohner: Wo einst wilde Löwen knurrten, schnurren heute nur noch verwilderte Hauskatzen.

100 Tage lang und kostete zahlreichen Gladiatoren und Tieren das Leben. Das Kolosseum war elegant und zweckmäßig: Die Zuschauer gelangten durch 80 Bogengänge über ein Treppengefüge zu den 55 000 Plätzen. **• 9.30 bis etwa 16.30 Uhr im Winter und 9.30 bis etwa 19.15 Uhr im Sommer • Piazza del Colosseo, Eingang neben dem Konstantinsbogen**

Domus Aurea (G5) Neros prachtvolle Villa (»Goldenes Haus«) wurde 64 n. Chr. erbaut, nachdem ein Großbrand die Stadt zerstört hatte. Ursprünglich stand sie an einem See und besaß eine vergoldete Fassade. Nach Neros Tod ließ Vespasian das Gewässer trockenlegen und errichtete an der Stelle das Kolosseum. Die oberen Stockwerke der Villa mussten den Trajan-Thermen Platz machen. Die übrigen (unterirdischen) Räume wurden während der Renaissance entdeckt. Die großartigen Fresken in den Sälen, die Grotten gleichen sollten, haben möglicherweise Raffael und seine Zeitgenossen zu ihren »Grotesken« (flächenfüllende Ornamente) angeregt. Um sich mit den Problemen des Umbaus vertraut zu machen, können Sie die Baustelle besuchen. • **Wegen Wasserschadens ist zurzeit nur ein Teil der Baustelle zu besichtigen; Di–Fr, Reservation obligatorisch ☎ 06 39 96 77 00 • Via della Domus Aurea**

San Pietro in Vincoli (G4) In dieser Kirche werden unter dem Altar die Ketten aufbewahrt, mit denen der hl. Petrus in Rom und Jerusalem im Gefängnis gefesselt war. Als man sie nebeneinander legte, verschmolzen sie wie durch ein Wunder… In der Kirche steht das Grabmal Papst Julius' II., ein Meisterwerk Michelangelos; er hatte dafür zuerst eine Gruppe von 40 Figuren vorgesehen, für die er in Carrara acht Monate lang nach makellosen Marmorblöcken suchte. Erst nach mehreren Jahren gelang ihm die Vollendung der Statuen von Moses und von Jakobs Frauen Rachel und Lea. Wenn man Moses' Hände ansieht, scheint es, als flösse tatsächlich Blut in den Adern; die Hörner, die er trägt, kamen durch eine Fehlübersetzung für das hebräische Wort »Licht« in der Vulgata zustande. **• Täglich 7–12.30 und 15.30–18 Uhr • Piazza di San Pietro in Vincoli 4A**

San Clemente (G5) Die Basilika besteht aus drei übereinanderliegenden Bauten. Im oberen Kirchenbau aus dem 12. Jh. mit herrlichem Marmorfußboden ist in der Apsis das strahlende Mosaik *Der Triumph des Kreuzes* zu bewundern. Von der Sakristei führt eine Treppe hinab zur Basilika aus dem 4. Jh., deren romanische Fresken leider verblichen sind. Hinten im Kirchenschiff erreicht man über antike Stufen die unterste Ebene, ein wahrhaftes Labyrinth aus Gängen und Räumen (vermutlich ehemalige römische Häuser), und einen heidnischen Tempel. **• Mo–Sa 9–12.30 und 15–18 Uhr, So ab 10 Uhr; unterirdische Räume: selbe Zeiten wie die Kirche • Via San Giovanni in Laterano**

San Giovanni in Laterano (H6) 15 riesige weiße Statuen erheben sich auf dieser Kathedrale, der Bischofskirche Roms (der Papst ist gleichzeitig auch Bischof der Ewigen Stadt). Sie entstand zwischen 313 und 318 über noch älteren Gebäuden; die Fassade kam erst im 18. Jh. hinzu. Bis 1870 wurden hier die Päpste gekrönt; heute zelebriert der Papst die Gründonnerstagsmesse hier in der Lateranbasilika. Das Baptisterium erhielt 432 seine jetzige achteckige Form. Bewundernswert ist der von spiralförmig gewundenen Säulen mit eingelegten Mosaiken umgebene Kreuzgang. Die Scala Santa an der Ostseite des Platzes besteht aus 28 Stufen, die die hl. Helena aus Jerusalem mitbrachte; über diese

Heilige Treppe soll Christus nach seiner Verurteilung den Palast des Pontius Pilatus verlassen haben. Büßer steigen auf den Knien hinauf. **• Täglich 7–18.30 Uhr • Piazza San Giovanni in Laterano**

Parco del Celio (F/G6) Südlich des Kolosseums liegt eine der schönsten Grünflächen Roms. Der Park ist ruhig und gepflegt – genau richtig für eine Pause.

Case romane del Celio (G 5/6) Auf drei unterirdischen Geschossen unter der Basilika breitet sich ein Labyrinth aus alten Häusern aus, das 20 Räume aus dem 2. Jh. v. Chr. umfasst. Sie wurden im 3. Jh. n. Chr. zu einer Patrizierresidenz vereint. Im 5. Jh. erbaute man darüber die Basilika. Viele Innenräume sind mit Fresken, Mosaiken und Einlegearbeiten geschmückt; sie wurden nach sorgfältiger Restaurierung im Januar 2002 für Besucher geöffnet. **• Do–Mo 10–13 und 15–18 Uhr, Führungen Sa und So; keine Reservation nötig für Einzelpersonen und Gruppen bis 10 Personen; Reservation obligatorisch für Gruppen bis max. 25 Personen und geführte Besichtigungen ☎ 06 70 45 45 44 • Santi Giovanni e Paolo, Eingang: Via Clivo di Scauro**

Terme di Caracalla (Karte 5, F/G7) In den im Jahre 217 vollendeten Caracalla-Thermen fanden mehr als 1500 Badegäste Platz. Nach dem Aufwärmen wurde der Körper mit Öl eingerieben, dann folgte ein Schwitzbad im *laconicum*, ein heißes Bad im *caldarium*, ein lauwarmes im *tepidarium*, ein kaltes im *frigidarium* und zum Schluss eine kühle *natatio* im Schwimmbecken. Nach der ganzen Prozedur ließ man sich eine parfümierte Massage verabreichen. Für geistige Nahrung sorgten Bibliotheken, Kunstgalerien, es gab Gärten und Terrassen – ganz wie in einem modernen Freizeitzentrum. **• Di–So 9 Uhr bis etwa eine Stunde vor Sonnenuntergang; Mo 9–14 Uhr • Viale delle Terme di Caracalla 52**

Mura Aureliane (Karte 5, F8–J1) Um die Stadt vor Angriffen der Barbaren zu schützen, begann Kaiser Aurelian nach 270 n. Chr. mit der Erstellung der rund 18 km langen Mauer mit 18 Toren und 381 Türmen; innerhalb dieses massiven Befestigungsrings befinden sich die meisten Baudenkmäler. In der Porta San Sebastiano (südöstlich der Caracalla-Thermen) gibt es ein interessantes Museum, das sich mit der Aurelianischen Mauer und der Via Appia Antica befasst. **• Di–So 9–14 Uhr • Eingang: Porta San Sebastiano**

Via Appia Antica (Karte 5, H10–I12) Diese Straße reichte einst bis Brindisi. Von den zahlreichen prächtigen Bauten, die sie säumten, sind heute nur Ruinen übrig. Erhalten ist hingegen die meist nur während der Messe zugängliche Kirche *Domine Quo Vadis* (»Herr, wohin gehst Du?«), wo Jesus dem aus Rom fliehenden hl. Petrus in einer Vision erschienen sein soll.

Catacombe di San Callisto (Karte 5, H11) Die auf vier Ebenen angelegten, weitläufigen Gräber sind erst teilweise erforscht. Fresken schmückten die Krypten der Päpste (14 sind hier beigesetzt). • Do–Di 9–12 und 14–17 Uhr; im Februar geschlossen • Via Appia Antica 110

Catacombe di San Sebastiano (Karte 5, I12) Über den Katakomben erhebt sich die ursprünglich Petrus und Paulus geweihte Basilica di San Sebastiano. Vor dem Eingang steht das Gebäude der Begräbnisessen (*triclia*). Die sterblichen Überreste des Märtyrers wurden im 9. Jh. aus der Krypta des hl. Sebastian umgebettet. Interessante Wandinschriften mit Anrufungen an die beiden Apostel. • Mo–Sa 9–12 und 14–17 Uhr; Mitte November bis Mitte Dezember geschlossen • Via Appia Antica 136

Catacombe di Domitilla (Karte 5, H11) In dieser Krypta der Flavier ist Domitilla begraben, die sich im 1. Jh. zum Christentum bekehrte. Die Anlage wurde im 4. Jh. beim Bau der Basilika des hl. Nereus und des hl. Achilleus zu den größten Katakomben Roms erweitert; sie ist 17 km lang, verläuft über mehrere Ebenen und ist mit Wandbildern geschmückt. • Mi–Mo 9–12 und 14–17 Uhr; im Januar geschlossen • Via delle Sette Chiese 283

Sepolcro di Cecilia Metella e Castello dei Caetani (Karte 5, außerhalb I12) Ein äußerst imposantes Grabmal mit einer angebauten Festung. • Di–So 9–16.30 Uhr ☎ 06 39 96 77 00 • Via Appia Antica 161

Villa dei Quintili (Karte 5, Ausschnitt) Das Anwesen der beiden Quintili-Brüder wurde wunderschön restauriert. Kaiser Commodus (2. Jh. n. Chr.) verdächtigte sie eines Komplotts gegen ihn, ließ sie umbringen und zog selber in die Villa, die er prachtvoll einrichtete. • Di–So 9 Uhr bis etwa eine Stunde vor Sonnenuntergang; Führungen ☎ 06 39 96 77 00 • Via Appia Nuova 1092

STREIFZUG: FORUM ROMANUM

Am Eingang des Forums in der Via dei Fori Imperiali erkennt man linker Hand den **Tempio di Antonino e Faustina** und biegt gleich rechts ab zur **Basilica Emilia**. Das ursprünglich 179 v. Chr. hier angelegte Geschäftsviertel wurde später niedergebrannt und unter Kaiser Augustus neu erbaut – mit einem Portikus aus Granitsäulen und zweistöckigen Ziegelbauten für Geschäfte und Schreibstuben. Das imposante Backsteingebäude (**Curia**) ein Stück weiter westlich diente unter Julius Cäsar dem Senat. Weiter geht es zu dem 203 n. Chr. errichteten **Triumphbogen des Septimius Severus**, der die Neueroberungen des Kaisers im Orient rühmt. Unmittelbar links daneben befinden sich die Rednertribünen (**Rostri**), hinter denen sich die elegante **Colonna di Foca** abhebt, die 608 n. Chr. zu Ehren des byzantinischen Kaisers Phokas aufgestellt wurde. Über einen gepflasterten Weg gelangt man hinauf zu den drei korinthischen Säulen des **Tempio di Vespasiano** (81 n. Chr.). Der **Portico degli Dei Consenti** (367 n. Chr.) dahinter war wahrscheinlich die letzte »heidnische« Kultstätte Roms. Links erheben sich die 8 Säulen der Vorhalle des **Tempio di Saturno**.

Machen Sie kehrt, biegen Sie nach rechts, dann nach links, und gehen Sie die **Basilica Giulia** entlang, die als Geschäftsviertel im Jahre 55 unter Julius Cäsar auf der Südseite des Forums entstand. Gleich daneben ragen die drei korinthischen Säulen des **Tempio dei Castori** auf (Kastor und Pollux, 484 v. Chr.). **Santa Maria Antiqua**, etwas zurückversetzt, ist die älteste und wichtigste christliche Kirche auf dem Forum (6. Jh.).

Nach dem **Tempio di Vesta**, dessen Säulenrundbau das Feuer der Göttin auf einer Rampe aus Marmor barg, geht es rechts zum Tempio di Antonino e Faustina, der in die Barockkirche **San Lorenzo in Miranda** eingefügt ist, und vorbei am **Tempio del Divo Romolo** (ein Prinz der Kaiserzeit und nicht der Zwillingsbruder des Remus) mit einer dekorativen Bronzetür, heute ebenfalls Teil einer Kirche (Santi Cosma e Damiano). Anschließend erheben sich die massiven Gewölbehallen der **Basilica di Massenzio**, deren vergoldete Bronzebedachung für den Petersdom benutzt wurde. Rechts erreicht man die Kirche **Santa Francesca Romana**, deren Stil an Palladio erinnert. Der Rundgang endet am prächtigen **Arco di Tito**, der Jerusalems Zerstörung durch Kaiser Titus gedenkt.

Erkunden Sie die Ruinen von Geschäften, Schreibstuben, religiösen und weltlichen Gebäuden im Zentrum der einstigen Hauptstadt eines Weltimperiums.

Startpunkt:
Foro Romano, Bus 60 (Via dei Fori Imperiali)

Zielpunkt:
Colosseo, Bus 60, Metro Colosseo

DAS HISTORISCHE ZENTRUM

Die Via del Corso ist die Hauptstraße im Zentrum Roms, die sich über 1 km zwischen Piazza del Popolo und Piazza Venezia erstreckt. Sie ist gesäumt von Läden, Palästen und Kirchen und besonders am Abend voller Leben, wenn Einheimische und Besucher ihren Abendspaziergang genießen. Dieses Kapitel beschreibt die Sehenswürdigkeiten beiderseits des Corsos und das historische Zentrum in der Tiberschleife.

DAS VIERTEL AUF EINEN BLICK

Piazza del Popolo (E1) Durch die Porta del Popolo, den in die Aurelianische Mauer eingelassenen Triumphbogen, gelangte man einst von Norden her in die Stadt. Die lateinische Inschrift wünscht »einen glücklichen und freudvollen

Einer der drei Brunnen auf der einzigartigen Piazza Navona: die Fontana di Nettuno von Giacomo della Porta.

Einzug, 1655«. Hinter dem Tor tritt man auf den schönen ovalen Platz, der nach einem Entwurf von Bernini angelegt und von Giuseppe Valadier 1816–24 überarbeitet wurde. Der Obelisk Ramses' II. in der Mitte der Piazza stand bis 1589 im Circus Maximus. Den Zugang zur Via del Corso flankieren die »Zwillingskirchen« Santa Maria dei Miracoli und Santa Maria di Montesanto.

Santa Maria del Popolo (E1) An Kunstwerken fehlt es nicht in dieser Kirche »des Volkes«. Die Kapellen gehören römischen Adelsfamilien: die rechts vom Chor mit einem Fresko Pinturicchios (1454–1513) den Rovere, diejenige links mit zwei Werken Caravaggios, der *Kreuzigung des hl. Petrus* und der *Bekehrung des hl. Paulus*, den Cerasi. Ein wahres Kleinod ist die von Raffael entworfene Chigi-Kapelle. • Täglich 7–12 und 16–21 Uhr • Piazza del Popolo 12

Via del Babuino (E1) Diese Straße zwischen Piazza del Popolo und Piazza di Spagna ist das Reich der Antiquitätenhändler. Der Name »Pavian-Straße«

stammt von einer Statue des Satyrn Silenus, den frühere Bewohner irrtümlich für einen Affen hielten.

Piazza di Spagna (E2) Alle ausländischen Besucher fühlen sich magisch zu den Travertin-Stufen vor der Kirche Santissima Trinità dei Monti hingezogen. Ob das an den Aufgüssen des Babington's Tea Rooms liegt, oder an den Hamburgern des ersten McDonald's der Hauptstadt? Hier kann man sich ausruhen, Ansichtskarten schreiben, die Terrassen und im Frühling die Azaleen anschauen – und sich einfach darüber freuen, in Rom zu sein. Der Platz verdankt seinen Namen der spanischen Gesandtschaft, die sich im 17. Jh. hier befand. Die Fontana della Barcaccia ist Berninis ältester Brunnen; die drei Bienen auf dem Bug des Boots sind das Emblem von Papst Urban VIII.

Museo dell'Ara Pacis (E2) Seit dem Jahr 2006 befindet sich dieser Friedensaltar, ein bedeutendes Zeugnis römischer Kunst aus der Zeit Augustus' (1. Jh. v. Chr.), im neuen Museo dell'Ara Pacis. Friese und Reliefs auf dem Marmor aus Carrara stellen den Kaiser und seine Frau Livia zwischen Priestern, Beamten und Göttern dar. Das Denkmal erinnert an den nach den Feldzügen in Gallien und Spanien herrschenden Frieden und wurde 1937–38 aus den unter den Grundmauern des Palazzo Fiano gefundenen Bruchstücken wieder aufgebaut. • Di–So 9–19 Uhr ☎ 06 06 08 • Lungotevere in Augusta

Fontana di Trevi (E3) Der größte und berühmteste Brunnen Roms, die Fontana di Trevi, wurde 1732–51 von Nicola Salvi angelegt; er versinnbildlicht das Meer. Zu Füßen Neptuns reiten zwei Tritonen auf Seepferden von Bracci; Filippo della Valle schuf die beiden allegorischen Skulpturen in den Nischen. Und wenn auch Anita Ekberg für den Film *La Dolce Vita* ins Brunnenbecken stieg, ist doch Baden hier streng verboten. Zu Ehren von Marcello Mastroianni wurden die Wasserspiele nach seinem Tod unterbrochen. Besucher können mit dem Rücken zum Becken eine Münze über die Schulter werfen... und hoffen, Rom wiederzusehen. • Piazza di Trevi, Via del Lavatore

Colonna di Marco Aurelio (E3) Die 30 m hohe Säule von 3,7 m Durchmesser wurde nach Mark Aurels Tod im Jahr 180 zum Gedenken an seine siegreichen Feldzüge gegen die Barbaren an der Donaugrenze errichtet; sie besteht aus 28 Marmortrommeln. Das spiralförmig nach oben verlaufende Reliefband schildert seine Kriegstaten. Im Innern führt eine Wendeltreppe zur Spitze, wo seit 1589 eine Statue des Apostels Paulus steht. • Piazza Colonna

Palazzo di Montecitorio (E3) Der 1653 von Papst Innozenz X. nach einem Entwurf von Bernini begonnene und 1697 von Carlo Fontana vollendete Palast diente als Gericht des Vatikans. Der vor der Fassade aufgestellte Obelisk des altägyptischen Königs Psammetich II. ist eines der Beutestücke, die Augustus aus Heliopolis mitbrachte. Seit 1871 versammelt sich in diesem Gebäude die Abgeordnetenkammer. • Am ersten Sonntag des Monats 10–17.30 Uhr (Führung) • Piazza di Montecitorio

Pantheon (E3) Kaiser Hadrian ließ diesen allen Göttern geweihten Tempel an der Stelle eines älteren Baus errichten; im Mittelalter wurde daraus eine Kirche. In der Mitte der 43 m hohen Kuppel fällt durch eine Öffnung von 9 m Durchmesser wie durch ein himmlisches Auge Licht ins Innere. Zu den Schätzen zählen die Grabmäler mehrerer italienischer Könige und das von Raffael. • Mo–Sa 8.30–19.30 Uhr, So 9–18 Uhr, Feiertage 9–13 Uhr • Piazza della Rotonda

Pulcino della Minerva (E3) 1630 war erstmals ein Elefant in Rom zu sehen; Berninis Abbildung des Dickhäuters, der einen Obelisken trägt, hat nur einen Schönheitsfehler: Sein Rüssel ist zu lang. Das Denkmal wurde 1667 auf diesem Platz zu Ehren von Papst Alexander VII. errichtet. Die lateinische Inschrift besagt: »Wer die von den Ägyptern in ihrer Weisheit geschaffenen Bilder sieht, die dieser Elefant, das stärkste aller Tiere, trägt, möge Folgendes bedenken: Habe Wesenskraft, und stütze dich auf tiefe Weisheit«. Der Obelisk aus rotem Granit geht auf das 6. Jh. v. Chr. zurück. • Piazza della Minerva

Sant'Ivo alla Sapienza (D3) Durch ihr spiralförmig gewundenes Kuppeltürmchen mit einem Kreuz fällt diese ungewöhnliche Kirche von Weitem auf. Aus der Nähe betrachtet stellt sich dieses Werk Borrominis (1643–60) als eines der schwungvollsten Beispiele des römischen Barocks heraus. Der Grundriss besteht aus zwei Dreiecken, die zu einem Stern angeordnet sind; das Innere der Kuppel ist reich mit Stuck verziert. • Täglich 10–12 Uhr • Corso del Rinascimento 40

Palazzo Madama (D3) Der im 16. Jh. von den florentinischen Bankiers der Familie Medici erbaute Palast ist nach »Madama« Margarethe von Österreich benannt, der unehelichen Tochter Kaiser Karls V., die in diese Familie eingeheiratet hatte. Die Barockfassade stammt aus dem 17. Jh.; seit 1871 tagt in dem Palazzo der italienische Senat. • Am ersten Samstag des Monats 10–18 Uhr (geführte Besichtigung) • Piazza Madama 11

San Luigi dei Francesi (D3) In dieser Kirche (16. Jh.) ruhen zahlreiche Persönlichkeiten, darunter der Maler Claude Lorrain, und französische Soldaten, die 1848 während der Errichtung der Römischen Republik oder beim Italienfeldzug 1944–45 fielen. Die Contarelli-Kapelle birgt drei großartige Gemälde Caravaggios: *Berufung des hl. Matthäus*, *Martyrium des hl. Matthäus* und *Der hl. Matthäus und der Engel*. • Täglich 8–12.30 und 15.30–19.30 Uhr, Do nachmittags geschlossen • Piazza San Luigi dei Francesi 20

Palazzo Altemps (D3) Dieses Bauwerk wurde bereits 1477 in Angriff genommen, aber erst gegen Ende des 16. Jh. fertiggestellt. Heute beherbergt der prunkvolle Palast die von Kardinal Marcus Psiticus Altemps und seinen Erben gesammelten antiken Schätze. Die großartige Bibliothek wurde in den Vatikan übersiedelt. Der Palazzo ist inzwischen in staatlichem Besitz und bildet einen Teil des Museo Nazionale Romano. Sehenswert sind die ägyptische Abteilung, die 16 Altemps-Skulpturen und die Kollektion Ludovisi Boncompagni. Zur Zeit der Gegenreformation wurden in Rom Bauarbeiten durchgeführt, und wenn man dabei auf Statuen stieß, wurden diese sogleich zum Verkauf freigestellt. Boncompagni schnappte sich mehrere davon und ließ sie von Bildhauern wie Bernini restaurieren – die erneuerten Teile sind deutlich bezeichnet. Den gesamten Palast zieren wunderbare Barockmalereien: So ist etwa die Sala delle Prospettive Dipinte im 1. Stock mit Landschaften und Jagdszenen ausgestattet, die man durch im Trompe-l'œil-Stil gemalte Fenster betrachtet. • Di–So 9–19.45 Uhr, im Sommer manchmal auch länger • Piazza Sant'Apollinare 44

Santa Maria della Pace (D3) Papst Sixtus IV. ließ diese Kirche 1482 zum Gedenken an das Ende des Kriegs gegen die Türken erbauen. Der Kreuzgang (1504) ist ein Werk Bramantes. Die Chigi-Kapelle auf der rechten Seite bemalte Raffael mit Fresken der vier Sibyllen; die Wandmalereien in der Ponzetti-Kapelle links stammen von Baldassare Peruzzi. Im 17. Jh. fügte Pietro da Cortona eine neue Fassade mit Säulenvorhalle an. • **Di–Fr 10–12.30 Uhr • Via della Pace 5**

Piazza Navona (D3) Der am Standort des Stadions von Kaiser Domitian angelegte Platz wurde früher für Wasserspiele geflutet. Die Fontana dei Quattro Fiumi (1651) in der Mitte ist ein Werk Berninis. Die vier großen Statuen versinnbildlichen Flüsse und jeweils einen Kontinent: die gestikulierende Donau verkörpert Europa, der Ganges, mit einem Ruder in der Hand, Asien, und der Nil (mit Kapuze) Afrika; der eigenartige Rio de la Plata, eine bärtige Gestalt, die zur Kirche Sant'Agnese in Agone blickt, soll Amerika darstellen. Aus dem Zirkus des Maxentius stammt der Obelisk, den Domitian mit Hieroglyphen verzieren ließ, die ägyptische Götter bei der Verehrung römischer Kaiser zeigen. Die beiden anderen Brunnen auf dem Platz sind von Giacomo della Porta (Fontana di Nettuno und Fontana del Moro); sie wurden von Bernini erneuert, der auch die Zentralfigur der Fontana del Moro schuf.

Sant'Agnese in Agone (D3) Die zwischen 8. und 12. Jh. an der Stätte des Martyriums der hl. Agnes errichtete Kirche erhielt ihre jetzige Gestalt 1652 nach Plänen von Girolamo und Carlo Rainaldi; Änderungen nahmen Bernini, Cortona und Borromini vor, der die nach innen gewölbte Fassade, die Kuppel und die Türme schuf. • **Mo–Sa 17–18.30 Uhr, So und feiertags 10–13 Uhr • Piazza Navona**

UNSCHULDSLAMM

Die Kirche Sant'Agnese in Agone auf der Piazza Navona gedenkt einer jungfräulichen Märtyrerin aus dem 4. Jh. Die 13-jährige Tochter einer adligen Familie musste sterben, weil sie sich weigerte, den vornehmen Freier zu ehelichen, den ihre Eltern für sie ausgewählt hatten. Ihr Symbol ist das Lamm, und am Tag der hl. Agnes, dem 21. Januar, verleiht der Papst einem besonders verdienten Erzbischof ein Pallium (Schmuckbinde) aus der Wolle eines gesegneten Lamms. Dieses Ritual geht auf das 6. Jh. zurück.

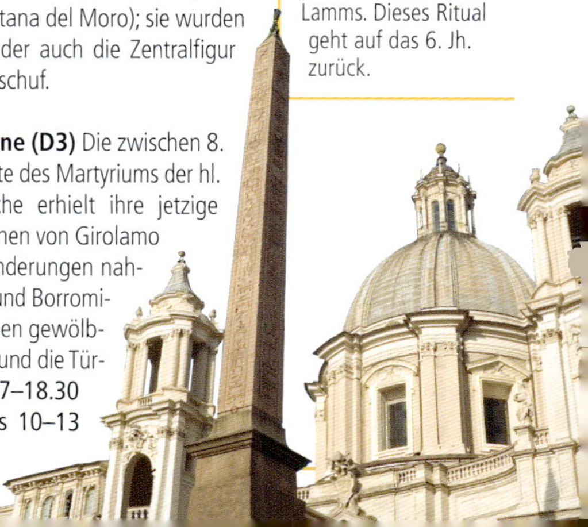

Ein Fest für die Sinne: der Obst- und Gemüsemarkt auf dem Campo dei Fiori.

Sant'Andrea della Valle (D4) Puccini wählte als Schauplatz des ersten Akts seiner Oper *Tosca* eine Kapelle dieser Kirche. Sie ist für ihre Kuppel berühmt, nach der des Petersdoms die zweithöchste der Stadt. Wie auch die Barockfassade ist jene ein Werk Carlo Madernos; diverse Künstler des 17. Jh. trugen zu ihrer Ausgestaltung bei: Borromini mit der kleinen Laterne, Lanfranco mit den Fresken *Gloria del Paradiso*. Domenico Zampieri schuf die Wandbilder in der Apsis und die Strebebogen zwischen der Spitze der Pfeiler und der Kuppel. • Piazza Sant'Andrea della Valle

Museo Barracco (D4) Der anheimelnde Palast, in dem dieses Museum untergebracht ist, heißt Piccola Farnesina; Senator Barracco trug hier im 19. Jh. etliche babylonische, assyrische, römische, ägyptische, etruskische und griechische Skulpturen zusammen, die er 1904 der Stadt Rom schenkte. Das Museum wurde nach mehrere Jahre dauernden Arbeiten kürzlich neu eröffnet. • Di–So 9–19 Uhr, Reservation ☎ 06 06 08 • Corso Vittorio Emanuele II 166a

Campo dei Fiori (D4) Dieser Markt im Herzen der Altstadt ist der malerischste Roms. Die Auswahl an frischem Obst, Gemüse, Käse, Salami, Fisch und Oliven ist reichlich und hochwertig, und die Stände sind bildschön. Rund um den Campo liegt das ehemalige Ghetto. Sehen Sie sich nahe dem Ponte Sisto und an der Via del Pellegrino, der Via dei Coronari und der Via dell'Orso in den vielen Goldschmiede-Werkstätten um. • Mo–Sa 7–13.30 Uhr • Piazza Campo dei Fiori

Palazzo Farnese (D4) Diesen Palast, dessen Stil zahlreiche andere fürstliche Bauten inspirierte, ließ Kardinal Alessandro Farnese von 1517 an errichten; zu den Baumeistern zählten Antonio da Sangallo der Jüngere, Michelangelo und Giacomo della Porta. Heute befindet sich hier der Sitz der französischen Botschaft. • Mo und Do 15, 16 und 17 Uhr (im Sommer und zu Weihnachten geschlossen); 50-minütige geführte Besichtigung; Reservation 1–4 Monate im Voraus, Fax 06 68 80 97 91, visitefarnese@france-italia.it • Piazza Farnese

Galleria Spada (D4) Kardinal Capo di Ferro gab um 1550 den Auftrag für diesen majestätischen Palast, der später an die beiden Brüder Spada (ebenfalls Kardinäle) überging; sie ließen den Palazzo von Bernini und Borromini ausgestalten. Dieser schuf einen Gang in Trompe-l'œil-Technik, der viermal so lang erscheint wie die 9 m, die er in Wirklichkeit misst. Zur Kunstsammlung der kirchlichen Würdenträger gehören Werke des 16. und 17. Jh. (Rubens, Dürer, del Sarto, Guercino), klassische Skulpturen und Möbel des 18. Jh. • Di–So 8.30–19.30 Uhr ☎ 06 687 48 96 • Palazzo Spada, Piazza Capo di Ferro 13

San Carlo ai Catinari (D/E4) Die Kirche des Barnabiten-Ordens ist Carlo Borromeo, dem Erzbischof von Mailand, geweiht, der 1610 heiliggesprochen wurde; ihren Namen verdankt sie den in diesem Viertel ansässigen Holzzuber-Herstellern (*catinari*). Die schöne Fassade wurde 1638 vollendet. Gemälde und Fresken im Innern stellen das Leben des Heiligen dar. In der Kirche ist auch eines der schönsten Werke von Giovanni Lanfranco, *Die Verkündigung*, zu sehen. • Täglich 7.30–12 und 16–19 Uhr • Piazza Benedetto Cairoli

Piazza Mattei (E4) Die von der Familie Mattei in Auftrag gegebene Fontana delle Tartarughe (Schildkrötenbrunnen) ist reizend. Taddeo Landini erbaute sie 1581–84 nach einer Zeichnung von Giacomo della Porta. Vier Jünglinge stehen da, jeder mit einem Fuß auf dem Kopf eines Delfins. Wer ein Jahrhundert später die vier Schildkröten am Beckenrand hinzufügte, ist allerdings nicht bekannt.

Crypta Balbi (E4) Dieser Teil des Museo Nazionale Romano zeigt die Krypta und die Reste eines 13 v. Chr. von Lucius Cornelius Balbus errichteten Theaters, sowie auf moderne, ansprechende Art die Entwicklung der Stadt. • Mo–So 9–19.45 Uhr, ☎ 06 39 96 77 00 • Via delle Botteghe Oscure 31

Chiesa del Gesù (E4) Die erste Jesuitenkirche Roms (1568–1584) beeinflusste 100 Jahre lang die barocke römische Kirchenarchitektur. Der von außen schlichte Bau wurde im 17. Jh. mit Fresken von Baciccio, Andrea Pozzos Altar des hl. Ignatius von Loyola und einem ganz in Trompe-l'œil ausgemalten Gang geschmückt. • Täglich 6.50–12.50 und 16–19.30 Uhr • Piazza del Gesù

Museo Nazionale di Palazzo Venezia (E4) Kardinal Pietro Barbo, der spätere Papst Paul II., baute 1455 diesen Palast, der seit 1916 in Staatsbesitz ist. Hier war Mussolinis Stabsquartier; sein Büro war die Sala del Mappamondo, so benannt nach dem Fresko, das eine Karte der im Jahr 1495 bekannten Welt zeigt. Das Museum birgt auch Renaissancegemälde, Skulpturen, Wandteppiche und Keramik. • Di–So 8.30–19.30 Uhr ☎ 06 699 941 • Via del Plebiscito 118

Monumento Vittorio Emanuele II (E4) Dieses 1911 eingeweihte, aber erst 1935 fertiggestellte Nationaldenkmal erinnert an das Risorgimento und wird von den Römern spöttisch als »Schreibmaschine« oder »Gebiss« bezeichnet. • Di–So 10–16 Uhr, Eintritt frei ☎ 06 699 17 18 • Piazza Venezia

Galleria Doria Pamphilj (E3/4) Diese einzigartige kostbare Privatsammlung mit mehr als 400 Gemälden aus dem 16.–18. Jh. umfasst Werke von Caravaggio, Raffael, Tizian, Reni, Velázquez und Vanvitelli. • Täglich 10–17 Uhr ☎ 06 679 73 23 • Palazzo Doria Pamphilj, Piazza del Collegio Romano 2

Galleria Colonna (F3) Diese größte private Gemäldesammlung Roms umfasst Werke aus dem 14.–18. Jh., (u.a. Tintoretto, Palma il Vecchio, Bronzino, Veronese und Carracci). • Sa 9–13 Uhr, übrige Tage auf Anfrage (mind. 10 Pers.); im August geschlossen ☎ 06 678 43 50 • Palazzo Colonna, Via SS Apostoli 66

SPAGHETTI ALL'AMATRICIANA

Dieses in jeder Trattoria von Monteverde und Trastevere servierte Gericht aus gesalzenem Schweinefleisch und Tomaten ist typisch für die römische Küche – einfach und herzhaft. Seine Herkunft machen die Römer Amatrice, einem Städtchen im Norden des Latiums, streitig: Eine Variante des Rezepts, so sagen sie abschätzig, habe es bereits Jahrhunderte vor dessen Gründung gegeben. Mit typisch römischem Lokalpatriotismus behaupten sie, niemand dürfe etwas Römisches für sich beanspruchen, »nicht einmal die Verwandtschaft mit Pontius Pilatus«, denn keiner in Amatrice sei dafür bekannt, dass er sich die Hände wasche. Eine plausible Erklärung für den Namen des Gerichts ist die *matraccio*, eine Glasflasche, in der früher Tomaten eingelegt wurden. Auch heute ziehen die römischen Feinschmecker diese »Konserven« frischen gehäuteten Tomaten vor. Zu den Spaghetti passt trockener Rotwein, z.B. Cesarese del Piglio aus Frosinone.

Spaghetti all'amatriciana
für 4 Personen
- 20 g Schweineschmalz
- 1 fein gehackte Zwiebel
- 125 g gesalzenes Schweinefleisch oder
- Speck, in schmale Streifen geschnitten
- 450 g geschälte und fein gehackte Tomaten
- Pfeffer und Salz
- 400 g Spaghetti
- Geriebener *pecorino romano*, ein kräftiger Schafskäse (oder Parmesan)

1. Die fein gehackte Zwiebel im Schweineschmalz andünsten
2. Schweinefleisch- oder Speckstreifen hinzugeben und goldbraun anbraten
3. Fein gehackte Tomaten beifügen und knapp 5 Minuten bei starker Hitze köcheln lassen
4. Spaghetti *al dente* kochen, abgießen, in eine vorher erhitzte Schüssel geben und die zuvor abgeschmeckte Sauce untermengen
5. Jeder nimmt sich bei Tisch beliebig viel Käse

STREIFZUG: KREUZ UND QUER DURCH DIE ALTSTADT

Im Norden der Piazza Venezia erreicht man die **Via del Corso**, eine der belebtesten Verkehrsadern Roms, auf der einst Pferderennen bis hinaus zur Via Flaminia stattfanden. Die linke Platzecke flankiert der barocke **Palazzo Buonaparte**, wo Napoleons Mutter Letizia nach 1815 lebte, dicht gefolgt vom grandiosen **Palazzo Doria Pamphilj**, der über eine prächtige Gemäldesammlung verfügt (Velazquez, Caravaggio, Bernini).

Über die links abzweigende, schmale Via Lata erreichen Sie die **Piazza del Collegio Romano**. Für das von Ignatius von Loyola gegründete Jesuitenkollegium (16. Jh.) diente die Pariser Universität Sorbonne als Modell. In den 1930er Jahren war es Roms erste staatliche Oberschule (*Liceo Ginnasio*). Rechts führt die Via Sant'Ignazio auf die konvexen und konkaven Fassaden der prachtvollen ovalen **Piazza Sant'Ignazio** mit ihrer hübschen Kirche aus dem 17. Jh. zu. Machen Sie kehrt, überqueren Sie die Piazza San Macuto und schlagen Sie die Via Seminario ein, auf der man das Jesuitenseminar und den Palazzo Serlupi Crescenzi (16. Jh.) passiert.

Gönnen Sie sich ein Eis auf der **Piazza della Rotonda** und bewundern Sie das **Pantheon** Kaiser Hadrians von den Stufen des Marmorbrunnens (1575) aus. Nehmen Sie rechts vom Pantheon die Via della Rotonda und zweigen Sie rechts in die Via della Palombella, die den Blick auf die schlichte **Piazza Sant'Eustachio** freigibt. Gegenüber der Kirche mit dem romanischen Campanile sticht der reizvolle **Palazzetto Tizio da Spoleto** mit seinen Fresken (16. Jh.) ins Auge. Die rechts abgehende Via della Dogana Vecchia führt zur Franzosenkirche, **Chiesa San Luigi dei Francesi**, die vor allem wegen Caravaggios herrlicher Matthäus-Altargemälde und Domenichinos Fresken geschätzt wird. Südlich der Kirche führt eine schmale Gasse auf den Corso del Rinascimento.

Biegen Sie dann links ab, passieren Sie den **Palazzo Madama**, der 1503 von den Medici für Margarethe von Österreich erbaut wurde und heute Sitz des italienischen Senats ist. Gehen Sie weiter Richtung Süden zum **Palazzo della Sapienza** (16. Jh., einst Roms Universität, heute Sitz der Stadtarchive). Im hübschen Hof erblicken Sie Borrominis **Chiesa Sant'Ivo**. Auf der anderen Straßenseite öffnet sich die imposante **Piazza Navona**, wo Kaiser Domitian einst seine Wasserspiele veranstaltete.

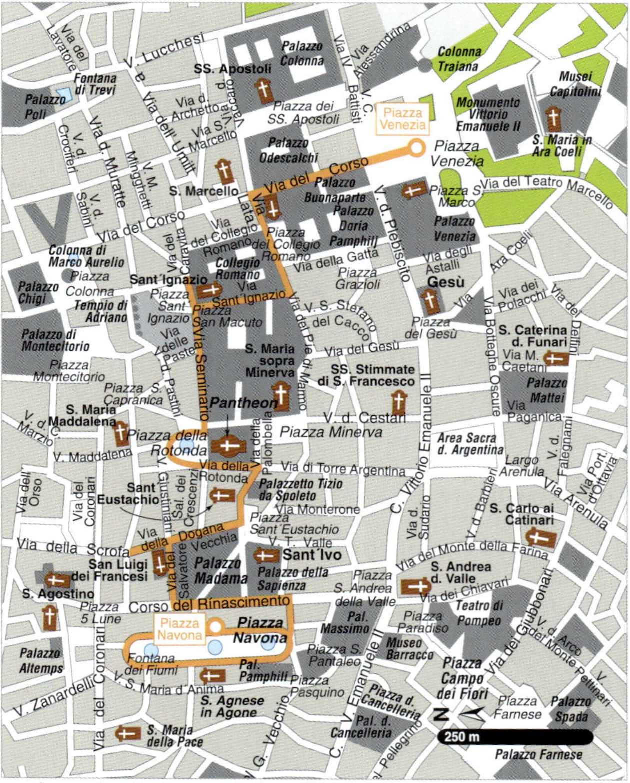

Rund um das Pantheon erheben sich Barockpaläste und Kirchen. Hier veranstalteten die alten Römer einst ihre Pferderennen auf der Via del Corso und nachgestellte Seeschlachten auf der Piazza Navona.

Startpunkt: Via del Corso Bus 60, 64 (Piazza Venezia)

Zielpunkt: Piazza Navona Bus 30

SHOPPING

Roms üppiges Angebot macht Shopping und Schaufensterbummel zu einem Erlebnis. Den eleganten Römerinnen eignet ein erlesener Geschmack und eine Vorliebe für Qualitätshandwerk. Der Einkaufsbereich liegt zwischen Piazza del Popolo, Piazza Navona und Piazza di Spagna.

Die großen italienischen Modeschöpfer finden Sie in der Fußgängerzone der Piazza di Spagna und der Via del Corso. Die Luxusgeschäfte findet man in Mittelalter- und Renaissancepalästen. Die Juweliere *(gioiellerie)* drängen sich um die Piazza di Spagna, während die Goldschmiede ihre Werkstätten beim Campo di Fiori haben. Italienische Lederwaren, häufig noch handgemacht, sind weltbekannt, erschwinglich sind sie beim Trevi-Brunnen und auf den Märkten. Die besten Schuhgeschäfte liegen um die Via Condotti. Empfehlenswerte Modeboutiquen: **Via del Babuino**: Chanel (Nr. 98–101) und Emporio Armani (Nr. 140). **Via Bocca di Leone**: Valentino (für Damen; Nr. 16); Gianni Versace (für Damen; Nr. 27); Mariella Burani (Nr. 28). **Via Borgognona**: Dolce & Gabbana (Nr. 8), Gianni Versace für Herren (Nr. 25); Laura Biagiotti (Nr. 43); mehrere Fendi-Filialen. **Via Condotti**: Gucci (Nr. 8); Bulgari (Nr. 10); Valentino (Nr. 13); Max Mara (Nr. 19); Juwelier Buccellati (Nr. 31), Trussardi (Nr. 49); Campanile (teure Schuhe; Nr. 58); Furla (Nr. 55); Ferragamos exquisite Geschäfte (Nr. 64–66: Herren; 73–74: Damen); Prada (Nr. 88). **Via Frattina**: Brighenti (Nr. 7/8; hier kaufen angeblich die Stars ihre Dessous); Max Mara (Nr. 28), Testa (für modebewusste junge Männer; Nr. 105); Fausto Santini (schicke Schuhe; Nr. 120–121). **Piazza di Spagna**: Sergio di Cori (Nr. 53); Dior (Nr. 74), Missoni (Nr. 77).

Warenhäuser und Einkaufszentren

Rom hat nicht sehr viele Warenhäuser, da man hier dem spezialisierten Einzelhandel den Vorzug gibt. Für gehobene Ansprüche ist **La Rinascente**. Die Filiale an der Piazza Colon-

na (E 3) eröffnete 1887 und war Roms erstes Warenhaus (Mo–Sa 10–21 Uhr, So 10.30–20 Uhr). Eine größere Filiale steht an der Piazza Fiume (G 1; Mo–So 10–21 Uhr). An der Via Mantova (H 1) nördlich des Piazzale Porta Pia ist in der ehemaligen Brauerei das wunderbare Kaufhaus **COIN** untergebracht, das auf Kleidung, Lingerie, Kosmetika, Parfüms und besonders auf die formschönen, typisch italienischen Haushaltswaren spezialisiert ist. Eine weitere COIN-Filiale gibt es hinter San Giovanni in Laterano am Piazzale Appio 7.

Das **Centro Commerciale Cinecittà Due** in der Nähe der Cinecittà (Via Tuscolana, U-Bahnlinie A) ist ein neueres Einkaufszentrum mit 100 Läden und Boutiquen, vielen Bars, Banken und Restaurants. Ein noch größeres Zentrum, **I Granai**, steht an der Endstation der U-Bahnlinie B, Laurentiana. Preiswertere Ladenketten: **Standa** (v.a. Lebensmittel; Filialen Via Cola di Rienzo 173, Viale Trastevere 60 und Via Appia Nuova 181–3) und **UPIM** (Via del Tritone 172, Via Nazionale 211, Piazza Santa Maria Maggiore 5/E). Hier findet man Kleidung und Haushaltswaren zu vernünftigen Preisen.

Märkte

Roms Märkte sind voller Lokalkolorit: Der bekannteste ist der Lebensmittelmarkt auf dem **Campo dei Fiori**. Der **Mercato dei Fiori**, ein Blumengroßmarkt, findet nördlich des Vatikans an der Via Trionfale (B 1) statt (öffentlich zugänglich: Di 10.30–13 Uhr). In der Altstadt wird am Largo della Fontanella Borghese (E 2) der **Mercato delle Stampe** (Sa, So 9–19 Uhr) abgehalten, wo man neben Briefmarken auch Bücher und Drucke findet. An der **Piazza Vittorio Emanuele II** (H 4) südlich des Bahnhofs Termini gibt es einen Markt mit Lebensmitteln und Kleidern (Mo–Sa 7–14 Uhr). Auf dem Flohmarkt bei der **Porta Portese** (D 6) in Trastevere (So 6.30–14 Uhr) sind oft Schnäppchen möglich. Der **Mercato di Testaccio** südlich der Stadt (außerhalb E 6, U-Bahnlinie B, Piramide) ist überdacht und bietet v. a. Lebensmittel (Mo–Sa 6–13.30 Uhr). In der **Via Sannio** nahe bei San Giovanni in Laterano (H 6) werden an der Aurelianischen Stadtmauer neue und getragene Kleider sowie Schuhe angeboten (Mo–Fr 8–13 Uhr, Sa 8–18 Uhr).

VILLA BORGHESE

Der Lieblingspark der Römer liegt nördlich vom Zentrum und lädt ein zum Radfahren, Joggen, Reiten und Fußballspielen, zum Träumen unter Steineichen und Schirmpinien oder zu einer Fahrt im Heißluftballon.

DAS VIERTEL AUF EINEN BLICK

Giardini e Terrazza del Pincio (E1) Die prächtigen Gärten oberhalb der Piazza del Popolo sind ein Werk von Giuseppe Valadier. Hier befindet sich auch die Terrazza del Pincio, von der aus man einen unvergleichlichen Blick über die ganze Stadt genießt. Bei Sonnenuntergang erstrahlt die Kuppel des Petersdoms in goldenem Licht.

Giardini di Villa Borghese (F1) Haupteingänge: am Piazzale Flaminio, durch die Porta Pinciana am Ende der Via Veneto oder durch den Pincio-Park. Kardinal Borghese ließ diesen riesigen Park 1605 anlegen; 1902 übernahm ihn der Staat. Zur Anlage gehören Museen und Galerien, ein Zoo, ein Amphitheater, ein künstlicher See, Pavillons und Brunnen, neoklassizistische Statuen und Fantasiegebäude.

Museo e Galleria Borghese (außerhalb F/G1) Das Museum nimmt das ganze Erdgeschoss des Gebäudes ein. In der Skulpturen-Sammlung sind Bernini, Canova und andere vertreten, und die Gemäldegalerie besitzt zahllose hervorragende Werke. • Di–So 9–19.30 Uhr; Besichtigung auf 2 Stunden begrenzt, Reservierung obligatorisch ☎ 06 328 10 • Villa Borghese, Piazzale Scipione Borghese 5

Galleria Nazionale d'Arte Moderna (außerhalb E1) Zu dieser wichtigen Sammlung italienischer Gemälde und Skulpturen des 19. und 20. Jh. gehören Arbeiten von Carrà, De Chirico, Modigliani, Boccioni und vielen anderen. Daneben ist eine Abteilung ausländischen Künstlern wie Cézanne, Monet, Klimt, Kandinsky und Utrillo gewidmet. • Di–So 8.30–19.30 Uhr ☎ 06 322 98 221 • Villa Borghese, Viale delle Belle Arti 131

Museo Nazionale Etrusco (außerhalb E 1) Dieses Museum befindet sich nordwestlich der Nationalgalerie für Moderne Kunst. Bis heute weiß man wenig über die Etrusker, die gegen 900 v. Chr. auf geheimnisvolle Weise übers Meer auf die italienische Halbinsel kamen. Ihre Spuren wurden von den Römern ausgelöscht, doch Funde aus den Totenstädten zeigen ein erfreuliches Bild ihrer Kultur. Die Villa Giulia ist das wichtigste Etruskermuseum Italiens mit dem *Sarcofago degli Sposi*, Figurinen, Goldschmuck und Gebrauchsgegenstände. • Di–So 8.30–19.30 Uhr ☎ 06 320 05 62 • Villa Giulia, Piazzale di Villa Giulia 9

Catacombe di Priscilla (außerhalb G 1) Diese auf zwei Ebenen angelegten Katakomben aus dem 2. Jh. sind nach einer im 1. Jh. zum Christentum übergetretenen Römerin aus einer Senatorenfamilie benannt. Zwei farbige Stuckverzierungen stellen das *Letzte Abendmahl* und den *Guten Hirten* dar; die »griechische Kapelle« ist mit allerlei Nischen, Wasserspielen und anderem schmückendem Beiwerk ausgestaltet. • Di–So 8.30–12 und 14.30–17 Uhr, im Januar geschlossen ☎ 06 86 20 62 72 • Via Salaria 430; Bus 135, 235, 319

STREIFZUG: VON DER PIAZZA DI SPAGNA ZU DEN GIARDINI DEL PINCIO

Die **Casina Rossa**, wo der englische Dichter John Keats 1821 verstarb, und **Babington's English Tea Rooms**, Roms erster und berühmtester Teesalon, flankieren an der **Piazza di Spagna** die zur Santissima Trinità dei Monti führende Spanische Treppe. Die Platzmitte ziert Berninis **Fontana della Barcaccia**. Die **Via del Babuino** mit ihren Palais des 18. Jh. bietet sich an für einen Schaufensterbummel zwischen Antiquitätengeschäften und Luxusboutiquen. Diese Straße verdankt ihren Namen einer pavianähnlichen Brunnenfigur, die aber einen römischen Satyr darstellt. Gleich nach der Via dei Greci steht die griechisch-katholische **Chiesa di Sant'Atanasio** (1583). Machen Sie einen kleinen Umweg rechts und dann erneut rechts in die **Via Margutta** mit ihren Galerien und eleganten Innenhöfen. Zurück auf der Via del Babuino erblickt man die neogotische anglikanische **All Saints Church** (1887). Gegenüber befinden sich zwei hübsche Palazzi: **Boncompagni Cerasi** (Nr. 51) und **Sterbini** (39/40, Buchladen Feltrinelli). Bald folgt das renommierte **Hôtel de Russie** (1822 eröffnet) mit seiner vornehmen Stravinskij Bar.

Links, auf der **Piazza del Popolo**, säumen die barocken »Zwillingskirchen« **Santa Maria in Montesanto** und **Santa Maria dei Miracoli** den Corso. Ein weiteres, jedoch ungleiches Paar bilden das **Caffè Rosati**, das traditionell von Linksintellektuellen bevorzugt wird, und das bei ihren konservativen Kollegen beliebte **Caffè Canova**. Beide blicken über den 3200 Jahre alten ägyptischen **Flaminio-Obelisken** aus Heliopolis hinweg.

An der Nordseite des Platzes, rechts von **Santa Maria del Popolo** führen Treppen im Zickzack hinauf zu den **Giardini del Pincio**. Vom Piazzale Napoleone I. bietet sich ein herrlicher Ausblick über den Platz bis zum Petersdom. Auf der Terrasse entlang des Viale D'Annunzio liegt einem Rom zu Füßen. Das **Casino Valadier** dient heute als Caffè und Restaurant. Weiter geht es den Viale della Trinità dei Monti, vorbei an der **Villa Medici** (16.Jh.), dem römischen Sitz der Académie Française seit 1804. Gegenüber liegt das Caffè Ciampini mit seiner Terrasse mit Panoramablick. Der Rundgang endet an der **Trinità dei Monti** (1502), einer der zahlreichen »französischen« Kirchen Roms. Ihre Treppe führt zurück zur Piazza di Spagna.

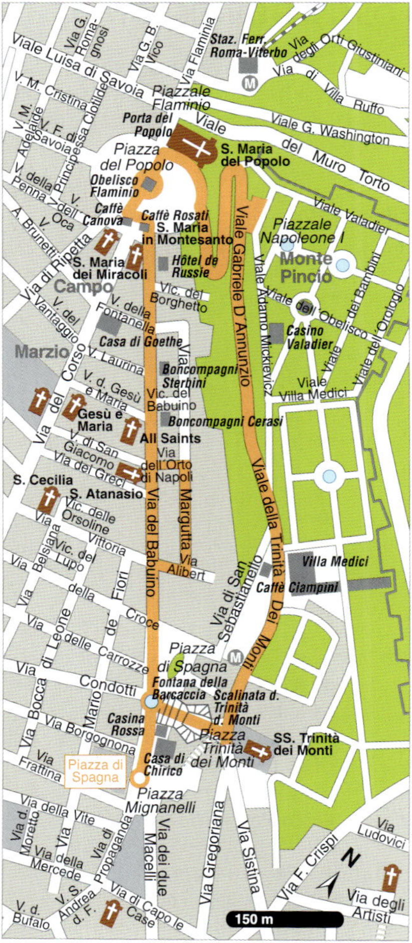

Schlendern Sie über zwei grandiose Piazze und zur grünen Oase der Pincio-Gärten durch eines der elegantesten Viertel der Stadt.

Start- und Zielpunkt:
U-Bahnstation Piazza di Spagna, Bus 117, 119

QUIRINAL UND ÖSTLICHE INNENSTADT

Das moderne Viertel der Banken, Versicherungsgesellschaften, Botschaften und Nobelhotels erstreckt sich von der Via Veneto zu den Diokletiansthermen. Der Quirinale ist der höchste der sieben Hügel Roms.

DAS VIERTEL AUF EINEN BLICK

Piazza Barberini (F2) In der Mitte des Platzes erhebt sich die Fontana del Tritone, einer der schönsten Brunnen Berninis, den er 1642 für Papst Urban VIII. schuf. Vier Delfine stützen eine Jakobsmuschel, auf der ein Triton in eine Trompetenschnecke bläst, aus der das Wasser plätschert. Nach dem Brunnen ist auch die vom Platz ausgehende Straße benannt. Die versteckt in einem Winkel derselben Piazza am Beginn der Via Veneto gelegene Fontana delle Api, ebenfalls ein Werk Berninis, besteht aus einer Jakobsmuschel und drei großen Bienen.

Galleria Nazionale d'Arte Antica di Palazzo Barberini (F2) Der untere Stock birgt große Meister des 13. bis 18. Jh., darunter Tintoretto, Holbein, Caravaggio, El Greco, Guercino und Raffael. Der obere Stock ist dem Settecento

Die Bienen der Fontana delle Api repräsentieren das Familienwappen der Barberini, die dem Platz ihren Namen geliehen haben.

(18. Jh.) gewidmet. • Di–So 8.30–19.30 Uhr, letzter Einlass 30 Min. vorher ☎ 06 328 10, Führungen ☎ 06 22 58 24 93 • Via delle Quattro Fontane 13

San Carlo alle Quattro Fontane (F3) Dieses Meisterwerk von Borromini ist dem hl. Carlo Borromeo geweiht. Die schöne barocke Kirche ist so klein, dass man sie auch als »San Carlino« bezeichnet. • Mo–Fr 10–13 und 15–18 Uhr, Sa 10–13 Uhr, So 12–13 Uhr • Via del Quirinale 23

Sant'Andrea al Quirinale (F3) Nach einem Entwurf Berninis wurde diese ellipsenförmige Kirche zwischen 1658 und 1670 für die Jesuiten-Novizen gebaut; sie gilt als ein Juwel des Barocks. Die Kapellen schmücken Malereien von Baciccio. Am Deckengewölbe schaukeln Cherubine auf Girlanden, und in der vergoldeten Kuppel über dem von rosa Marmorsäulen umgebenen Hauptaltar scharen sich ganze Wolken von Engelchen um die aus dem Himmel sprühenden Lichtstrahlen. • Täglich 8–12 und 16–19 Uhr • Via del Quirinale 29

Piazza del Quirinale (F3) Der Platz ist dank der Fontana di Monte Cavallo mit den Statuen von Castor und Pollux und ihren Pferden besonders schön. Einst schmückte der Brunnen die Thermen des Konstantin (4. Jh.); bis 1813 diente das Brunnenbecken auf dem Forum als Tränke. Der Obelisk wurde aus dem Mausoleum des Augustus' hierher versetzt. An dem 1730 begonnenen Bau des Palazzo del Quirinale (sonntags zugänglich) waren mehrere große Architekten wie Domenico Fontana, Carlo Maderno und Bernini beteiligt; der Palast – zunächst Sommersitz der Päpste, dann königliches Palais – ist seit 1947 die offizielle Residenz des italienischen Präsidenten.

Museo Nazionale delle Paste Alimentari (F3) Pasta in allen Formen und Größen, von den handgefertigten Ursprüngen bis zu den modernen, lang haltbaren Massenprodukten. • Täglich 9.30–17.30 Uhr ☎ 06 699 11 19 • Piazza Scanderbeg 117

Giardini di Villa Aldobrandini (F3) Die Villa kann zwar nicht besichtigt werden, aber man kann nach Lust und Laune durch die Gärten spazieren, die eine friedvolle Oase mitten in der Stadt bilden. • Via Mazzarino 1

Santa Maria Maggiore (G3) Den Standort der Kirche bestimmte Papst Liberius nach einem Traum, in dem ihm die Jungfrau den Bau an einer schneebedeckten Stelle aufgetragen hatte. Und tatsächlich sah er am 5. August 356 Schnee auf dem Esquilin. Die 40 Säulen im Innern der Basilika und die drei Kirchenschiffe gehen auf das 5. Jh. zurück. Die Kassettendecke entstand in der Renaissance, die Kuppeln und die Barockfassade stammen aus dem 18. Jh.; Szenen des Alten Testaments sind in 36 Mosaiktafeln aus dem 5. Jh. dargestellt. Den Campanile ließ Gregor XI. 1377 bei seiner Rückkehr aus Avignon errichten. • Täglich 7–19 Uhr • Piazza di Santa Maria Maggiore

Santa Prassede (G4) Schon 489 stand hier ein geweihtes Gebäude, das Paschalis I. später wieder aufbauen ließ, um darin die sterblichen Überreste von 2000 Märtyrern aus den Katakomben beizusetzen. Die Kapelle des hl. Zenon im rechten Kirchenschiff ist das bedeutendste byzantinische Baudenkmal Roms; ihre Wände sind mit leuchtenden vergoldeten Mosaiken bedeckt. • Täglich 7.30–12 und 16–18.30 Uhr • Via Santa Prassede 9A

Piazza dei Cinquecento (G–H3) Seit Anfang 2000 steht auf dem Platz eine Lichtsäule, der *Obelisco di luce* – als strahlender Willkommensgruß für Besucher, die am Bahnhof Termini ankommen.

Palazzo Massimo alle Terme (G2) Der im 19. Jh. als Jesuitenkolleg erbaute Palast wurde nach einer 16 Jahre dauernden Renovierung 1998 als Teil des Museo Nazionale Romano neu eröffnet. Erdgeschoss und 1. Stock sind der Skulptur gewidmet: im Saal VII die verwundete Niobe, die versucht, einen Pfeil aus ihrem Rücken zu ziehen. Im Saal V ist eine hübsche Aphrodite zu sehen. Münzen und Gold sind unten ausgestellt, doch sollte man auch an einer Führung durch die beiden Obergeschosse teilnehmen, wo der mit Fresken und Mosaiken geschmückte Speisesaal (*triclinium*) der Villa Livias (30–20 v. Chr.) zu bewundern ist. Weitere Fresken stammen aus einer römischen Villa in Trastevere. • Di–So 9–19.45 Uhr ☎ 06 39 96 77 00 • Largo di Villa Peretti, 1

Piazza della Repubblica (G2–3) Mario Rutelli löste 1901 mit seiner Fontana delle Naiadi vor der Kirche Santa Maria degli Angeli einen Sturm der Entrüstung aus: Vier nackte bronzene Nymphen stehen auf vier Meerestieren; die Wasserschlange symbolisiert die Flüsse, der Schwan die Seen, die Eidechse die unterirdischen Wasserläufe und das Seepferdchen die Meere; in der Mitte umschlingt der Meeresgott Glaukos einen Delfin.

Santa Maria degli Angeli e dei Martiri (G2) Diese in die Überreste der Diokletiansthermen integrierte Kirche ist den Engeln geweiht und den Märtyrern, die beim Bau mithelfen mussten. Michelangelos ursprünglicher Plan wurde 1749 von Luigi Vanvitelli stark verändert. • Täglich 7–18.30 Uhr; Führungen in italienischer, französischer und englischer Sprache • Piazza della Repubblica

Terme di Diocleziano (G2) In einem Teil der Ruinen der Diokletiansthermen zeigt das Museo Nazionale Romano umfangreiche Sammlungen von Stuckaturen und Fresken, farbenprächtigen Mosaiken sowie Skulpturen. Die Funde stammen aus mehreren seit 1870 in Rom durchgeführten Ausgrabungen. • Di–So 9–19.45 Uhr, die Kasse schließt 1 Std. vorher ☎ 06 39 96 77 00 • Via de Nicola 78

STREIFZUG: QUIRINAL

Auf der **Piazza Barberini** prangt auf der von Papst Urban VIII. bei Bernini in Auftrag gegebenen **Fontana del Tritone** (1643) dessen Familienwappen mit den gekreuzten Schlüsseln als Symbol seines Amtes und den Bienen als Emblem der florentinischen Familie Barberini. Verlassen Sie den Platz über die Via delle Quattro Fontane. Der **Palazzo Barberini**, etwas zurückversetzt in seinem Garten, wurde in der Spätrenaissance für die Familie außerhalb der Stadtgrenze als Villa errichtet (heute ein Museum mit Raffaels *Fornarina*). An der Kreuzung **Quadrivio delle Quattro Fontane** stehen die vier allegorischen Figuren, welche die Flüsse Tiber und Arno sowie die Göttinnen Diana und Juno darstellen. Biegen Sie rechts in die Via del Quirinale ein. Borrominis Kirche **San Carlino** ist ein barockes Kleinod mit wellenförmiger Fassade. Die Statue stellt Karl Borromäus dar.

Auf die ersten Gärten des Quirinale folgt die Kirche **Sant'Andrea al Quirinale** (1658) von Bernini, der damals auch am Petersplatz arbeitete. Verschnaufen Sie in den weitläufigeren **Giardini del Quirinale**, die 1888 für den Besuch von Kaiser Wilhelm II. mit der Statue des italienischen Königs Karl Albert angelegt wurde. Die Straße führt zum stattlichen **Palazzo del Quirinale**, einst Sommerresidenz des Papstes und heute Präsidentenpalast.

Aus dem Mausoleum des Augustus wurden für die **Fontana di Monte Cavallo** auf der Piazza del Quirinale die riesigen Statuen der Dioskuren herbeigeschafft, die ihre Pferde zügeln. Stufen links des Quirinalspalasts führen hinab zur Via della Dataria und vorbei an dem ockerfarbenen **Palazzo Testa-Piccolomini**. Weiter geht es auf der Via dell'Umiltà, auf der man links die Kirche Santa Maria dell'Umiltà und rechts Santa Rita passiert. In der Nr. 31 bietet die **Pizzeria da Michele** köstliche koschere Pizza mit originellen Zutaten an.

Auf der Piazza dell'Oratorio birgt die **Cappella del Crocifisso** Fresken über die Geschichte des Kreuzes Christi. Zweigen Sie rechts ab in die Einkaufspassage **Galleria Sciarra** (1885) mit ihrem Dach aus Eisen und Glas. Auf der Via Santa Maria in Via biegen Sie rechts in die Via delle Muratte. Der Jugendstilsaal des Ristorante Quirino (Nr. 84) ist einen kleinen Abstecher wert. Der Rundgang endet an der **Fontana di Trevi**.

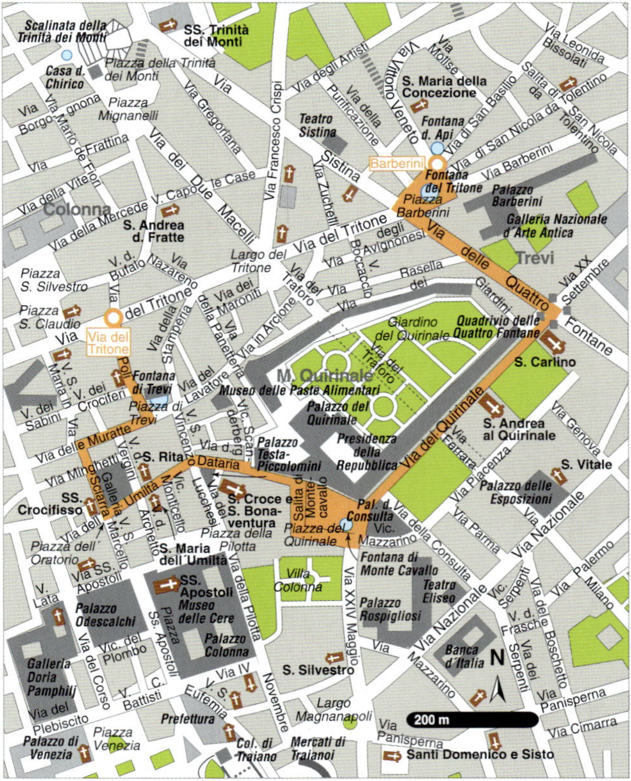

Päpste und Kardinäle besaßen hier einst außerhalb der Stadtgrenzen ihre Sommerresidenzen: ein Rundgang durch Gärten und zu mehreren Brunnen, darunter der spektakulären Fontana di Trevi.

Startpunkt: Piazza Barberini, U-Bahnstation Barberini, Bus 62

Zielpunkt: Fontana di Trevi, Bus 62 (Via del Tritone)

AUF DEN SPUREN BERNINIS

Genies haftet oft der Ruf an, menschenfeindlich zu sein. Der gebürtige Neapolitaner Gian Lorenzo Bernini (1598–1680) passt nicht in dieses Bild. Dieser fröhliche, gutherzige Künstler lernte sein Handwerk bei seinem Vater, der selbst Bildhauer war, und vermittelte freudig sein Wissen an Schüler weiter. Dass er ein Herz hatte, spricht aus der lebensnahen Energie seiner Skulpturen und aus der Anmut und Würde seiner Architektur.

Berninis Hauptwerke lassen sich auf einem etwa 2-stündigen Rundgang entdecken. Ausgangspunkt ist die Kirche **Santa Maria della Vittoria** mit Berninis Cornaro-Kapelle am Largo Santa Susanna (G2), nördlich des Bahnhofs Termini. Entlang der Via Barberini kommen Sie zur Piazza Barberini mit ihren beiden Brunnen. In der Via delle Quattro Fontane steht der **Palazzo Barberini** (F2). An der nächsten Kreuzung befindet sich die Kirche San Carlo alle Quattro Fontane (ein Werk von Berninis Rivalen Borromini). Biegen Sie hier in die Via del Quirinale (F3), wo die Flügel des **Palazzo del Quirinale** und die Fassade der Kirche **Sant'Andrea al Quirinale** von Berninis Genie zeugen.

Weiter geht es treppab bis zur Via della Dataria und dem Vicolo Scanderbeg, der auf den kleinen gleichnamigen Platz mündet (auch das Pasta-Museum – siehe S. 48 – lohnt einen Besuch). Bald gelangt man zur Fontana di Trevi (E3). Diese ist zwar kein Werk Berninis, zeigt jedoch deutlich, wie sehr sein Stil Rom prägte. Nehmen Sie nun die Via delle Muratte und biegen Sie an ihrem Ende rechts in die Via del Corso ein. Diese führt zur Piazza Colonna und zur **Piazza di Montecitorio** mit dem gleichnamigen Palazzo (von Bernini begonnen, heute Sitz der italienischen Abgeordnetenkammer.)

Auf der Via in Aquiro gelangt man zum Pantheon. Papst Urban VIII. betraute Bernini mit der Neugestaltung der Kuppel, doch der Künstler lehnte dies als unnötig ab. Ein Abstecher führt von hier zur Piazza della Minerva, wo sich vor der Kirche **Santa Maria sopra Minerva** ein eigenartiger, von einem kleinen Elefanten gestützter Obelisk befindet.

Gehen Sie dann ein Stück zurück und die Salita dei Crescenzi hinauf zur prachtvollen Piazza Navona (D3), die Bernini im Auftrag von Papst Innozenz X. neu gestaltete. Auch der Entwurf zur **Fontana dei Quattro Fiumi** ist Bernini zu verdanken, die Statuen stammen jedoch von anderen Künstlern. Lediglich die mittlere Figur der **Fontana del Moro** ist ein Werk Berninis.

Bald erreichen Sie den Tiber und kommen zum **Ponte Sant'Angelo** (C3), den zehn marmorne Bernini-Engel zieren. Den Abschluss des Rundgangs bilden seine wohl bekanntesten Werke: Am Ende der Via della Conciliazone fassen seine Kolonnaden den **Petersplatz** ein, und im Innern des Petersdoms befinden sich sein Hochaltar, seine Papstgräber und sein Bronzebaldachin.

◀ *Der Ganges räkelt sich auf der Fontana dei Quattro Fiumi.*

▼ *Ein Engel auf dem Ponte Sant'Angelo.*

TRASTEVERE

In der Antike war das Gebiet »jenseits des Tibers« von Fremden besiedelt, während im Mittelalter die Juden hier lebten. Trastevere, ein traditionelles Arbeiterviertel, ist mit seinen engen Gassen, gemütlichen Lokalen und Läden und eleganten Kunstgalerien einen Abstecher wert.

DAS VIERTEL AUF EINEN BLICK

Galleria Corsini (Galleria Nazionale d'Arte Antica) (C4) Im Palazzo Corsini weilten schon Michelangelo, Bramante, Erasmus und Königin Christine von Schweden (die hier starb). Neben bedeutenden Werken italienischer Maler des 17. und 18. Jh. werden flämische Meister – Holbein, Van Dyck, Rubens u.a. – ausgestellt. • Di–So 9–19.30 Uhr ☎ 06 68 80 23 23; Führungen werden angeboten • Palazzo Corsini, Via della Lungara 10

Villa Farnesina (D4) Diesen Renaissance-Wohnsitz mit Park ließ sich der Bankier Agostino Chigi ab 1508 von Baldassare Peruzzi aus Siena errichten. Der Baumeister schmückte auch den Säulensaal, der eine Loggia mit Blick auf Roms ländliche Umgebung vortäuscht. Mehrere Fresken Raffaels (*Triumph der Galathea*) und seiner Schüler (*Amor und Psyche*). • Mo–Sa 9–13 Uhr; außerhalb dieser Zeiten für Gruppen von mind. 30 Personen (telefonische Anmeldung 2 Wochen im Voraus) ☎ 06 68 02 72 68 • Via della Lungara 230

Santa Maria in Trastevere (D5) Hier wurde im 3. Jh. wahrscheinlich die erste christliche Kultstätte in Rom errichtet. Die Fassade schmückt ein Mosaik (12.–

14. Jh.), das die Jungfrau mit Kind im Kreise von zehn anderen Frauen zeigt. Auf den Mosaiken Pietro Cavallinis in der Apsis sind sechs Ausschnitte aus dem Leben Mariens dargestellt. • **Täglich 7–21 Uhr • Piazza Santa Maria in Trastevere**

Santa Cecilia in Trastevere (E5) Hier soll das Haus der hl. Cäcilia gestanden haben, die mit ihrem Mann Valerian den Märtyrertod erlitt. Die Apsis zieren schöne Mosaiken (12. Jh.). Stefano Maderno (17. Jh.) schuf die eindrucksvolle Statue der Heiligen gegenüber dem Altar – in derselben Haltung, in der man die wundersam erhaltene Leiche in den Katakomben des hl. Calixtus fand. Pietro Cavallinis Fresko *Jüngstes Gericht* wurde 1900 bei einer Restaurierung entdeckt. **• Täglich 9.30–12.30 und 16–18.30 Uhr • Piazza di Santa Cecilia**

San Pietro in Montorio (C5) Eine schöne gotische Fensterrose schmückt die Fassade dieses Gotteshauses, das die Katholischen Könige Ferdinand und Isabella von Spanien bauen ließen. Die beiden Kapellen wurden von Michelangelos Schülern gestaltet. Bewundern Sie in der Mitte des Kreuzgangs rechts von der Kirche den eleganten Tempietto von Bramante (1502); er steht angeblich genau an der Stelle, an der Petrus gekreuzigt wurde. **• Täglich 8.30–12 und 15–16 Uhr • Piazza San Pietro in Montorio 2 , Via Garibaldi 33**

Fontana dell'Acqua Paola (C5) Drachen und Monster schmücken diesen Brunnen auf einer Panoramaterrasse in Trastevere. Hinter drei Arkaden liegt ein kleiner, wenig bekannter Garten. • **Via Garibaldi**

Parco del Gianicolo (C4–5) Dieser ausgedehnte Park auf dem Janiculus-Hügel bietet einen herrlichen Rundblick über die Stadt. In der Mitte der Piazza erhebt sich ein Reiterstandbild von Garibaldi. Es gibt Ponys und Puppentheater-Vorführungen, Denkmäler, Brunnen und einen botanischen Garten.

STREIFZUG: TRASTEVERE

Auf der **Piazza Sidney Sonnino** (der zu Beginn des 20. Jh. zweimal als Premierminister amtierte) steht der grüne Kiosk der Touristeninformation. An der Ostseite des geschäftigen Viale Trastevere beherbergt die strenge **Torre degli Anguillara** (13. Jh.) heute ein Institut zu Forschungen über Dante. Gegenüber ragt der romanische Campanile der **Chiesa San Crisogono** (1124) empor. Dieses Gotteshaus stammt aus dem 4. Jh. und wurde im 12. Jh. und durch Bernini im 17. Jh. umgebaut. Biegen Sie links in die Via della Lungaretta, Zugang zum mittelalterlichen Trastevere. Restaurants und Eisdielen säumen heute die Basilika der Gemeinde auf der **Piazza Santa Maria in Trastevere**, die von Papst Giulio I. (337–352) als erste der Öffentlichkeit zugängliche Kirche gegründet wurde. Gegenüber der Kirche befindet sich das **Museo di Roma in Trastevere**, wo nebst Gemälden und einer Krippe mehrere in Lebensgröße nachgestellte Szenen den Alltag der Bewohner des Viertels im 19. Jh. darstellen. Von der Nordostecke der Piazza geht es weiter in die Via del Moro, wo man das feine Gebäck der **Pasticceria Valzani** (Nr. 37) und die beste Pizza der Stadt (am Stück) im **Forno la Renella** (Nr. 15) kosten kann. Die Piazza Trilussa mit ihrem monumentalen Barockbrunnen (17. Jh.) führt zu der für Picknicks beliebten Fußgängerbrücke **Ponte Sisto**, die von Mark Aurel als erste Verbindung nach Trastevere erbaut und von Papst Sixtus IV. renoviert wurde.

Von der Brücke führt die Promenade **Lungotevere Farnesina** am Tiber entlang. Linkerhand verbirgt sich im Garten Baldassare Peruzzis elegante **Villa Farnesina** (1511) im Renaissancestil, die man besichtigen kann. Biegen Sie dafür links in die enge Salita del Buon Pastore und nochmals links in die Via della Lungara. Gegenüber erhebt sich die Fassade des **Palazzo Corsini** aus dem 18. Jh. (Nr. 10), heute ein Kunstmuseum (Caravaggios *Johannes der Täufer*, Guido Reni und Annibale Caracci). Weiter auf der Via della Lungara erreichen Sie die trutzige **Porta Settimiana**, die 1498 mit dem ehemaligen Mauerwerk der Aurelianischen Stadtmauer neu erbaut wurde. Machen Sie kehrt und biegen Sie links in die Via Corsini, wo die mittelalterlichen Gärten des Palazzos 1983 als **Orto Botanico** für die botanische Fakultät der Universität mit der Flora des Ätnas, aber auch Kaliforniens, Mexikos und Japans angelegt wurde.

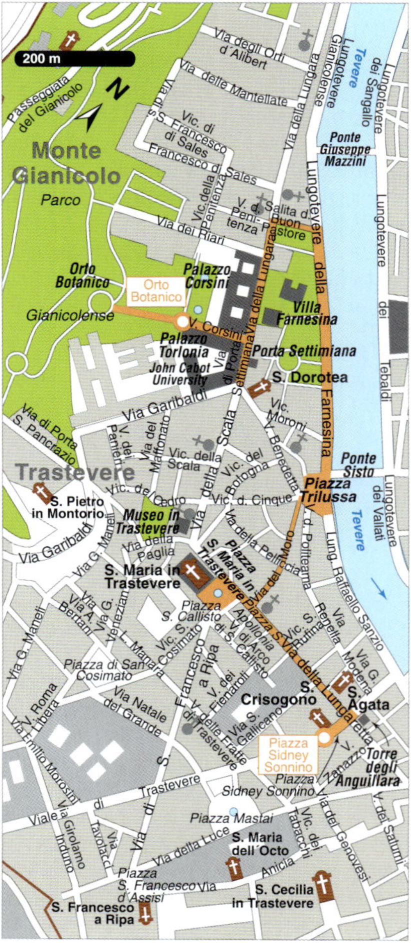

Das einstige jüdische Ghetto und Arbeiterviertel ist zwar bürgerlicher geworden, bewahrt jedoch Spuren seiner Geschichte und bietet auch so manche Gaumenfreuden.

Startpunkt:
Piazza Sidney Sonnino, Tram 8, Bus H, 23

Zielpunkt:
Orto Botanico, Bus 23

DER VATIKAN

Die Vatikanstadt besteht aus dem Petersplatz, dem Petersdom sowie den päpstlichen Palästen und Gärten. Sie hat knapp 1000 Bewohner, eigene Münzen und Briefmarken, eine Zeitung und eine Radiostation, und die beiden offiziellen Sprachen sind Latein und Italienisch. Zum Schutz der Grabeskirche des hl. Petrus an dessen Kreuzigungsstätte ließ Papst Leo IV. im 9. Jh. eine Mauer darum herum bauen. Diese sogenannte Leostadt bildet heute den Vatikan. Seit ihrer Rückkehr aus Avignon (1377) lebten die Päpste hier und bauten die Paläste im Laufe der Jahrhunderte zu einer Anlage mit 1400 Sälen, Zimmern und Kapellen aus.

DAS VIERTEL AUF EINEN BLICK

Castel Sant'Angelo (C2) Die Engelsburg liegt außerhalb des Vatikans. Sie entstand 139 als Mausoleum für Kaiser Hadrian und diente erst als Vorposten der Aurelianischen Mauer, dann als Zitadelle, im Mittelalter als Gefängnis und als päpstliche Fliehburg, die durch einen gedeckten Gang, den *passetto*, mit dem Vatikan verbunden war. Ihren Namen erhielt die Burg von Papst Gregor dem Großen, dem bei einer Prozession während einer Pestepidemie der Erzengel Michael über dem Bauwerk erschien. Indem dieser sein Schwert einsteckte, verkündete er das Ende der Plage. Heute birgt der Bau das Nationalmuseum, das in 58 Räumen dessen Geschichte zeigt; zu sehen sind auch Keramiken, alte Waffen und Gemälde. Die Brücke von der Burg über den Tiber, Ponte Sant'Angelo, zählt zu den schönsten der Stadt. Die zehn Barockengel aus weißem Marmor sind das Werk einer Gruppe römischer Künstler nach Entwürfen des berühmten Bildhauers Gian Lorenzo Bernini (1598–1680). Jede Statue trägt ein

Von der Terrasse auf der Kuppel des Petersdoms haben Sie einen herrlichen Blick auf die Ewige Stadt und ihre Umgebung.

Symbol für die Leiden Christi; zwei besonders wertvolle Engel ließ der Papst zum Schutz vor der Witterung in der Kirche Sant'Andrea delle Fratte aufstellen. • **Di–So 9–19.30 Uhr, im Sommer manchmal länger • Lungotevere Castello 50**

Piazza San Pietro (B2–3) Von der Engelsburg führt die Via della Conciliazione geradewegs auf diesen prachtvollen Platz, den Bernini 1656–67 schuf; er ist 240 m breit, 196 m lang und von vier hintereinander aufgestellten Kolonnaden mit 284 Säulen und 140 steinernen Heiligenfiguren umgeben. Stellen Sie sich auf eine der beiden runden Marmorscheiben etwa in der Mitte zwischen dem Obelisken und den Brunnen – und Sie haben den Eindruck, dass die vier Säulenreihen zu einer einzigen verschmelzen. Der aus Alexandria herbeigeschaffte Obelisk stand einst im Zirkus des Caligula (links von der heutigen Kirche) und wurde 1586 auf dem Petersplatz aufgestellt, was mit Hilfe von 900 Arbeitern, 150 Pferden und 47 Hebevorrichtungen vier Monate dauerte. In dem Kreuz auf seiner Spitze ist angeblich ein Splitter des Kreuzes Christi eingeschlossen. • **Papstaudienzen: Mi 11 Uhr (wenn der Papst im Vatikan ist), Anmeldung (auch für päpstliche Zeremonien im Petersdom): Prefettura della Casa Pontificia, 00120 Città del Vaticano ☎ 06 69 88 48 57**

San Pietro in Vaticano (B3) Petrus starb 64 n. Chr. im Zirkus des Gewaltherrschers Caligula den Märtyrertod. Im 2. Jh. entstand um sein Grab auf dem Friedhof nördlich des Zirkus ein kleiner Tempel. Konstantin ließ an dieser Stelle eine Basilika erbauen, die 349 vollendet wurde. 1506 legte Papst Julius II. den Grundstein zum heutigen Petersdom, an dessen über 100 Jahre dauerndem Bau alle namhaften Barock- und Renaissancekünstler beteiligt waren. Die 187 m lange Basilika umschließt 11 Kapellen, 45 Altäre und zahllose Kunstwerke. Im Boden eingelassene Bronzemarkierungen zeigen die Ausmaße anderer Kirchen, die natürlich alle kleiner waren. Die beiden 76 m langen Querschiffe krönt die riesige Kuppel Michelangelos; von diesem Künstler ist auch eine wunderschöne Pietà zu bewundern, die er im Alter von nur 24 Jahren schuf. Der Bronzebaldachin über dem Hochaltar ist ein Werk Berninis. Von der Basilika aus kann man die Grotte Vaticane besichtigen, lange, mit Gemälden geschmückte Grabgänge, die noch größtenteils unerforscht sind. Die dreischiffige unterirdische Kirche genau unter der Peterskuppel enthält die Sarkophage vieler Päpste (darunter jene des Apostels Petrus sowie Johannes' Pauls II.). Darunter liegt eine um 1940 freigelegte, gut erhaltene Nekropole mit Familiengräbern. Oder Sie erklimmen die Terrasse (Lift bis zur Loggia degli Apostoli, dann zu Fuß), von der sich ein herrlicher Rundblick bietet. • **Basilika Mo–Sa 7–18 Uhr, So 8–16.45 Uhr; Anmeldung für die 75-minütige Führung durch die Nekropole unter Angabe von Datum, Teilnehmerzahl und -namen sowie Sprache beim Ufficio degli Scavi, Fax 06 69 87 30 17, E-Mail: scavi@fsp.va • Piazza San Pietro**

Musei Vaticani (B2) Die für die Päpste Sixtus IV., Innozenz VII. und Julius II. erbauten Renaissancepaläste bergen eine der bedeutendsten Kunstsammlungen der Welt. Die Höfe und Galerien entwarf Bramante 1503. Die Erweiterungsbauten stammen aus dem 18. Jh., als man die Werke von unschätzbarem Wert erstmals der Öffentlichkeit vorstellte. Wählen Sie einen der in vier verschiedenen Farben gekennzeichneten Rundgänge; alle führen auch durch die Sixtinische Kapelle. Der kürzeste dauert 90 Minuten, der längste 5 Stunden. Die Länge des Rundgangs durch alle Museen beträgt insgesamt mehr als 7 km! Konzentrieren Sie sich am besten auf eine einzige Sammlung, und ruhen Sie zwischendurch Ihre Füße und Ihren Kopf aus… **• Mo–Fr und letzter So im Monat (freier Eintritt) ab 9 Uhr, Schließzeit sehr veränderlich: 12.30–15.30 Uhr, Sa 10–12.30 Uhr, feiertags geschlossen • Necropoli dell'Autoparco: Besichtigung nur für Gruppen von max. 30 Personen; Dauer ca. 1 1/2 Std. ☎ 06 69 88 49 47, E-Mail: visitedidattiche.musei@scv.va • Eingang: Viale Vaticano • www.vatican.va**

Cappella Sistina Die auf der ganzen Welt bekannte Sixtinische Kapelle verdankt ihren Namen Papst Sixtus IV., der den Bauauftrag erteilte. Da er über enorme Geldmittel verfügte, konnte er für die Ausgestaltung ab 1475 die bedeutendsten Künstler seiner Zeit heranziehen – Pinturicchio, Botticelli, Perugino, Ghirlandaio, Signorelli und Rosselli. Sie bemalten die Wände der Kapelle mit Fresken, die das Leben Jesu und Moses' darstellen. Michelangelo bevölkerte die Decke der Sixtinischen Kapelle mit mehr als 300 Figuren (ursprünglich waren 12 vorgesehen). Im Zentrum erkennt man die Erschaffung Evas, daneben einen der wohl berühmtesten Ausschnitte des Deckengemäldes, auf dem Gott den Finger ausstreckt und Adam erschafft. Es war Papst Julius II., der den Bildhauer überredete, dieses Meisterwerk in Angriff zu nehmen. Michelangelo hatte zuerst abgelehnt, da er die Freskotechnik zu wenig beherrschte. Außerdem bildeten die Ausmaße der Decke und ihre Wölbung beträchtliche Erschwernisse. Er verzichtete auf seine Gehilfen (er entließ sie nach ein paar Wochen), machte sich an die Arbeit – und brauchte vier ganze Jahre (1508–1512), um das Fresko zu vollenden. Und dies unter schwierigs-

SCHWEIZERGARDE

Cohors Pedestris Helvetiorum a Sacra Custodia Pontificis – so heißt die Päpstliche Schweizergarde im Vatikan. Papst Sixtus IV. warb 1480 Schweizer Söldner an, und Julius II. verlieh der Leibwache 1506 ihren Status. Am 6. Mai 1527 bewies sie Treue und Mut, als beim Sacco di Roma 147 Gardisten im Kampf umkamen und die 40 Überlebenden Papst Clemens VII. sicher in die Engelsburg geleiteten. Seit damals ist der 6. Mai der Tag, an dem neue Rekruten vereidigt werden. Diese müssen Schweizer, 19–30 Jahre alt, ledig, katholisch und mindestens 1,74 m groß sein.

ten Bedingungen: Er stand auf den Zehenspitzen auf einem fahrbaren Gerüst, den Körper gespannt wie einen Bogen und den Kopf nach hinten gebeugt. Julius II. bedrängte ihn unablässig und drohte, ihn von seinem Gerüst herunterzustürzen, wenn er nicht rascher vorankäme. 23 Jahre später malte der nun 60-jährige Michelangelo das *Jüngste Gericht* auf der Wand hinter dem Hauptaltar. Er brauchte sieben Jahre, um dieses bewegende Werk zu vollenden, über dem Christus als unerbittlicher Richter thront. Papst Paul IV. beauftragte später den Maler Daniele da Volterra, die nackten Figuren mit Schleiern zu verhüllen. Die Restaurierung der Sixtinischen Kapelle begann beinahe zufällig im Jahre 1979. Bei einer Reinigung der Fresken kamen am Rand der Decke unvermutet leuchtende Farben zum Vorschein, die über die Jahrhunderte unter Staub und Kerzenruss verborgen waren. Die von der japanischen Fernsehgesellschaft NTV finanzierten Arbeiten – sie erhielt dafür das Recht, die ganze Aktion zu filmen – wurden von den Restauratoren der Vatikanischen Museen durchgeführt und dauerten 13 Jahre. Um die Schmutzschichten aufzuweichen, verwendete man eine chemische Spezialmischung, die mit einem sterilisierten Schwamm entfernt wurde. Und das Ergebnis? Setzen Sie sich auf eine Bank am Ausgang der Kapelle, und urteilen Sie selbst.

Nachfolgend eine Auswahl der Museen in alphabetischer Reihenfolge:

Appartamenti Borgia Schöne Fresken von Pinturicchio und seinen Schülern, Porträts der berüchtigten Familie Borgia, Bronzeskulpturen von Rodin, Keramiken von Picasso und vieles mehr…

Biblioteca Apostolica Vaticana Die Bibliothek umfasst etwa 1,8 Mio. wertvoller Bände und alter Handschriften, darunter ein Matthäus-Evangelium aus dem 4. Jh. und ein Schriftstück Martin Luthers. Geschlossen bis ca. 2010.

Cappella del Beato Angelico Die leuchtenden Fresken von Fra Angelico in der kleinen Kapelle Nikolaus' V. zeigen Szenen aus dem Leben der Heiligen Stephanus und Laurentius.

Collezione d'Arte Religiosa Moderna Von Papst Paul VI. angelegte Sammlung moderner religiöser Kunst mit Werken von Dalí, Kandinsky, Klee, Utrillo, Matisse, Modigliani, Munch, Picasso und vielen anderen mehr.

Museo Chiaramonti Griechische und römische Statuen, Urnen und Sarkophage in großer Zahl.

Museo Filatelico e Numismatico Herrliche vatikanische Briefmarken und Münzen in reicher Vielfalt.

Museo Gregoriano Egizio Ägyptische Ausstellungsstücke aus Tempeln und Gärten von Rom und Umgebung, wie etwa aus Hadrians Villa in Tivoli.

Museo Gregoriano Etrusco Etruskische Sarkophage, Statuen, Bronzen, Keramik, Glas und Schmuck aus dem 7. Jh. v. Chr.

Museo Gregoriano Profano Griechische und römische Altertümer.

Museo Missionario-Etnologico Zu dieser Sammlung trugen in erster Linie die in alle Welt entsandten katholischen Missionare bei, doch auch die Souvenirs von den Reisen Johannes Pauls II. gehören dazu.

Museo Pio-Clementino Die griechischen und römischen Skulpturen wurden beim Abbruch von Baudenkmälern aus dem 16. Jh. geborgen. Auf die berühmte Laokoon-Gruppe stieß man 1506 in einem Weinberg auf dem Esquilin.

Museo Pio Cristiano Werke aus den Katakomben veranschaulichen das Leben der frühen Christen.

Museo Storico Vaticano Die Geschichte der Papst-Staaten und des Vatikans ist hier eingehend erläutert. Sammlung antiker »Papamobile«. (Liegt nicht im Vatikan, sondern im Palazzo Apostolico bei San Giovanni in Laterano, H6).

Necropoli dell'Autoparco Diese Totenstadt entlang der alten Via Triumphalis wurde 2003 beim Bau eines Parkhauses entdeckt. Dabei kamen sehr gut erhaltene Urnen, verzierte Sarkophage, Altäre, Mosaiken sowie 40 Grabstrukturen und mehr als 200 Gräber aus dem 1 Jh. v. Chr. bis 4. Jh. n. Chr. zum Vorschein.

Pinacoteca Gemäldegalerie des Vatikans mit 15 Sälen und Meisterwerken von Caravaggio, Domenichino, Giotto, Fra Angelico, Perugino, Leonardo da Vinci…

Stanze di Raffaello Vier Räume des 26-jährigen Raffael, Glanzstück der Hochrenaissance unter Julius II.; am berühmtesten ist die Stanza della Segnatura.

STREIFZUG: RUND UM DEN VATIKAN

Von der am Tiber gelegenen Piazza della Rovere gelangt man über eine schmale Straße zur ehemaligen Stadtmauer und zur **Porta Santo Spirito**, dem monumentalen Stadttor von Antonio da Sangallo, dessen Bau 1543 unterbrochen wurde, weil es Michelangelos Pläne für die Befestigungsanlagen des Vatikans beeinträchtigte. Jenseits des Tores führt die Via dei Penitenzieri am Bogengang des für deutsche Pilger erbauten **Ospedale di Santo Spirito in Sassia** (Nr. 13) und an seiner Kirche vorbei. Biegen Sie nach rechts ab, und gehen Sie vorbei am **Palazzo del Commendatore** (16. Jh.), in dem der Leiter der Bruderschaft residiert. Einen Schritt weiter steht die mit einer Kolonnade verzierte **Corsia Sistina** (15. Jh.). Den Abschluss dieses dreieckigen Baukomplexes bildet das Museum für Heilkunde, **Museo dell'Arte Sanitaria**, das u.a. medizinische Geräte aus Rom und Arabien zeigt. Die Kirche der Bruderschaft **Santa Maria Annunziata** (18. Jh.) gegenüber der Ecke Borgo Santo Spirito und Lungotevere Vaticano wurde hierher verlegt, als die Via della Conciliazione gebaut wurde.

Am linken Tiberufer geht es weiter zur grandiosen Engelsburg (**Castel Sant'Angelo**). Vor ihr überspannt eine monumentale Brücke den Fluss, und gleich daneben fängt die **Via della Conciliazione** an. Als Mussolini diese Schneise zur Versöhnung (*conciliazione*) mit dem Papst und für die Aussicht auf den Petersdom schlagen ließ, wurden rechtzeitig zum Heiligen Jahr 1950 mehrere Kirchen verlegt, etliche Palazzi neu erbaut und das mittelalterliche Viertel zwischen Borgo Santo Spirito und Borgo Sant'Angelo abgerissen.

Rechts erhebt sich die schlichte Travertin- und Sandsteinfassade von **Santa Maria in Traspontina** (1587). Auf der gleichen Straßenseite (Nr. 30) wurde der **Palazzo Torlonia** im Renaissancestil für den englischen Botschafter im Vatikan unter Heinrich VIII. erbaut. Der im toskanischen Stil erbaute **Palazzo dei Penitenzieri** (15. Jh.) gegenüber dient heute als Hotel. Einst wurde er für Kardinal Domenico della Rovere errichtet und später unter Papst Alexander VII. von Beichtvätern wohlhabender Bußgänger genutzt. Beachten Sie, wenn Sie auf Berninis **Piazza San Pietro** zugehen, wie die symmetrischen Laternenpfähle die Unregelmäßigkeit der Fassaden ausgleichen und für Pilger eine harmonische Atmosphäre schaffen.

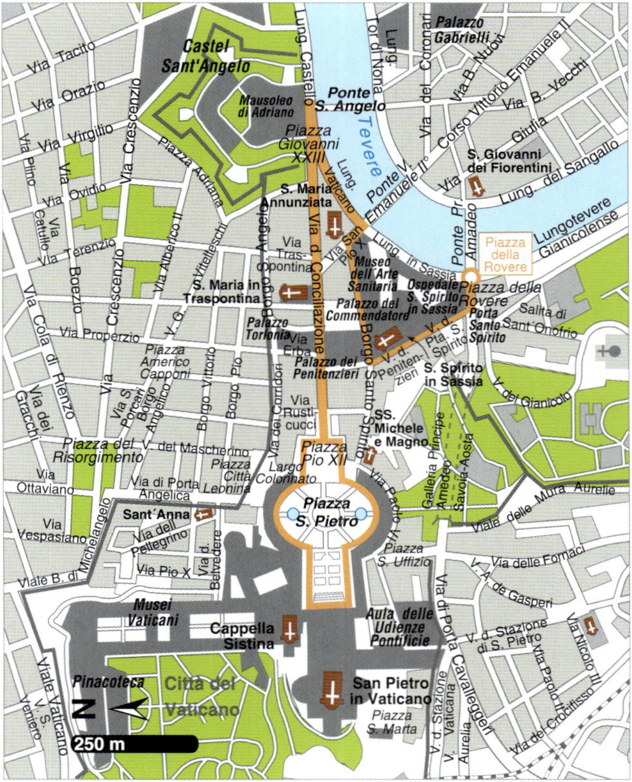

Kommen Sie mit ins Santo-Spirito-Viertel, wo einst deutsche Pilger rasteten, bevor sie ihre erhebenden Prozessionen zum Petersdom antraten.

Startpunkt: Piazza della Rovere, Bus 23 (Lungotevere in Sassia)

Zielpunkt: Petersdom, Metrostation Ottaviano-San Pietro

AUSFLÜGE

Wenn Sie sich an all den Gemälden und Kunstschätzen sattgesehen haben und etwas Abwechslung brauchen, so setzen Sie sich in den Zug oder die U-Bahn, und entdecken Sie die nähere Umgebung Roms.

AUSFLÜGE AUF EINEN BLICK

Cimitero Acattolico (außerhalb E 6) Dieser Friedhof zu Füßen der marmorverkleideten Cestius-Pyramide (dem Mausoleum des Prätoren Caius Cestus), ist einer der romantischsten Winkel Roms. Hier ruhen die englischen Dichter Keats und Shelley, Goethes einziger Sohn, der Architekt Gottfried Semper und Antonio Gramsci, der Gründer der kommunistischen Partei Italiens – neben vielen anderen »Nicht-Katholiken« (Protestanten, Juden, Orthodoxen, Atheisten, aber nicht Selbstmördern oder Schauspielern). • Mo–Sa 9–16.30 Uhr, an Feiertagen geschlossen • Via Caio Cestio 6; Ⓜ B Piramide

Testaccio (außerhalb E 6) In früheren Tagen wurden Schiffsladungen von Wein, Öl und Weizen in großen Tonamphoren nach Rom geliefert; man leerte die Gefäße, zertrümmerte sie und warf die Reste aufeinander. Dieser »Scherbenhaufen« wuchs mit der Zeit zu einem 35 m hohen Hügel an, dem Monte Testaccio. Ende des 19. Jh. wurde der Testaccio ein Arbeiterviertel, das sich rund um ein Schlachthaus drängte. Inzwischen hat sich das Gebiet zu einem Unterhaltungszentrum mit freundlichen Restaurants und einem geschäftigen Nacht-

Dicht beieinander stehen die bunten Häuser in Rocca di Papa, einem kleinen Dorf in den Albaner Bergen.

leben gemausert. Bars und Diskotheken wurden direkt in die Hügelflanke gehöhlt, und hie und da taucht in den Mauern noch ein Stückchen einer Amphore auf. • **Zwischen der Via Marmorata und dem Tiber; Ⓜ B Piramide**

Art Center Acea (außerhalb E 6) »Maschinen und Götter« – eine faszinierende Ausstellung: 400 Marmorstatuen aus den Musei Capitolini bilden einen anregenden Kontrast zu den Räumen des früheren Elektrizitätswerks. • **Di–Fr und So 9–19 Uhr, Sa 9–18 Uhr ☎ 06 06 08 • Centrale Montemartini, Via Ostiense 106; Ⓜ B Piramide oder Garbatella**

San Paolo fuori le Mura (außerhalb E 6) Die Pauluskirche »außerhalb der Mauern« ist eine der vier päpstlichen Patriarchalbasiliken und gehört zum Territorium des Vatikans. Der heutige Bau ist die Nachbildung der großen Basilika aus dem 4. Jh., die 1823 bei einem Brand vernichtet wurde. Prächtig funkelt das venezianische Mosaik (1220) in der Apsis. Unter dem Hochaltar wurde unlängst ein Marmorsarg gefunden, in dem der hl. Paulus ruhen soll. Der Kreuzgang, der vom Feuer verschont blieb, ist einer der schönsten in ganz Rom. • **Täglich 7–19 Uhr • Via Ostiense 186; Ⓜ B Basilica S. Paolo**

EUR, Esposizione Universale di Roma (Karte 3) Die unter Mussolini begonnene Universalausstellung (die wegen des 2. Weltkriegs nie stattfand) ist heute ein Viertel aus Büroblocks und Wohnbauten mit Beispielen faschistischer Architektur wie dem Palazzo della Civiltà del Lavoro. Das Museo della Civiltà Romana, Piazza Agnelli, beschreibt die Geschichte Roms. Im Zentrum steht ein Modell des kaiserlichen Roms, in dem alle Bauten innerhalb der Aurelianischen Mauer dargestellt sind. Im Museo Nazionale Preistorico ed Etnografico Luigi Pigorini (Ecke Piazza Marconi/Viale Lincoln) besuchen Sie die Völker der Welt. Dazu kommt eine kleine Sammlung prähistorischer Fundstücke. Das Museo Nazionale delle Arti e Tradizioni Popolari auf der anderen Seite der Piazza Marconi veranschaulicht Brauchtum, Musik und Tanz, zeigt Haushalts- und Ackerbaugerät, Töpferwaren, Schmuck und anderes aus verschiedenen Dörfern und Regionen Italiens. • **Museo della Civiltà Romana: Di–Sa 9–14 Uhr; So bis 13.30 Uhr ☎ 06 592 61 35; Museo Pigorini: Di–So 9–20 Uhr ☎ 06 54 95 21; Museo delle Arti e Tradizioni Popolari: Di–Fr 9–18 Uhr, Sa, So, feiertags 9–20 Uhr ☎ 06 591 07 09 • 5 km südlich des Zentrums; Ⓜ B Fermi**

Castelli Romani Rund 12 km südöstlich von Rom tauchen die ersten Anhöhen der Colli Albani auf. Im Mittelalter wurden auf diesen Hügeln die »Römischen Burgen« gebaut, um die zuerst Marktflecken und später kleine Städte entstanden. Die Römer verbringen hier gern ihre Wochenenden. Sehenswert sind: Frascati und seine prachtvollen Residenzen, besonders die Villa Aldobrandini; Castel Gandolfo, die Sommerresidenz des Papstes; Ariccia mit seinen Barockpalästen von Bernini; Genzano, bekannt für das Fronleichnamsfest (*Corpus Domini*) im Mai oder Juni, bei dem auf der Treppe zur Kirche Santa Maria della Cima ein ganzer Teppich aus Blüten gestreut wird; Velletri, Rocca di Papa, Monte Compatri. • **Ⓜ A Anagnina, dann im Bus zum jeweiligen Ort (30–90 Min.)**

Fregene Ein eleganter Ort im Grünen, für einen geruhsamen Tag am Meer. Der Pinienwald am Ufer wurde von Papst Clemens IX. als Schutz vor dem Wind gepflanzt. • **38 km von Rom; Ⓜ A Lepanto, dann im Bus nach Fregene (1 Std.)**

Ostia Antica Das in der Antike noch direkt am Meer gelegene Ostia war Roms Handelshafen. Infolge späterer Versandung und häufiger Malariaepidemien wurde die Stadt aber verlassen und jahrhundertelang vergessen. Westlich des Eingangs zur Ausgrabungsstätte liegt der Decumanus Maximus, die Hauptverkehrsader. Er führt an den Neptun-Thermen vorbei zum Piazzale delle Corporazioni, Ostias Hauptplatz. Die Mosaiken auf dem Boden vor den Läden und Verwaltungsgebäuden zeigen diverse Berufsgruppen – Schiffbauer, Getreidehändler und Seiler. Das Theater wurde im 2. Jh. erweitert und nahm 4000 Zuschauer auf. Linkerhand liegt neben den Lagerhäusern (*horrea*) die Casa di Diana, das besterhaltene Haus Ostias, mit dem Familienaltar für den Mithra-Kult; das Dach der Casa bietet einen Rundblick über die Ausgrabungen. Im Museum nördlich der Casa di Diana sind Skulpturen, Fresken und Mosaiken ausgestellt. • Di–So 9–13.30 Uhr; Di und Do zusätzlich 14.30–16.30 Uhr • 25 km südwestlich von Rom; Ⓜ Magliana, dann im Zug nach Ostia Antica (20 Min.)

Tivoli In der Sommerfrische der alten Römer laden herrliche Gärten zum Bummeln ein. Die Villa d'Este ist für ihre Grotten und Brunnen, die Villa Gregoriana für ihren Park, ihre Kaskaden und Grotten berühmt, und die Villa Adriana zeugt von Glanz und Gloria des Kaiserreichs. • Villa Adriana: täglich 9 bis 1 Std. vor Sonnenuntergang ☎ 07 74 53 02 03 • 31 km von Rom; Ⓜ B Ponte Mammolo, dann im Bus nach Tivoli oder im Zug FM2 bis Tivoli, dann im Bus CAT4

Civitavecchia Die Stadt, in der der französische Schriftsteller Stendhal (1783–1842) 1838 seinen Roman *Die Kartause von Parma* verfasste, wurde nach den Bombenangriffen des 2. Weltkriegs fast ganz neu aufgebaut. Am Hafen blieb die mächtige Michelangelo-Festung (16. Jh.) erhalten; Bramante und Sangallo begannen den Bau unter Papst Julius II., Michelangelo beendete ihn. Im Innern des Festungsgeländes liegen Ruinen einer römischen Villa. Nördlich des modernen Hafens befindet sich das antike Hafenbecken (Darsena romana), in dem heute die Fischerboote anlegen. Die Stadtmauern gehen auf die Renaissance zurück. Überreste des *centro storico*, darunter der Duomo, liegen hinter dem Corso Marconi. Sehenswert ist auch die Chiesa dei Santissimi Martiri Giapponesi, aus dem 19. Jh., die der im Jahr 1597 in Nagasaki (Japan) gekreuzigten 26 Franziskaner gedenkt. Das Innere wurde vom japanischen Künstler Lucas Hasegawa geschmückt. • 80 km von Rom; Zug ab Roma Termini (ca. 1½ Std.)

ROM FÜR KINDER

In einem so kinderlieben Land wie Italien verwundert es, dass die Stadt Rom nur wenige auf Kinder zugeschnittene Attraktionen bietet. Wer seine Kleinen bei Laune halten will, muss deshalb zuweilen ein wenig planen.

Essen

Jede noch so lange Sightseeing-Tour hat glücklicherweise ihr Ende, und zudem glänzen die Italiener auf einem Gebiet, das Kindern besonders wichtig ist: Essen. In einer Stadt, die das leckerste Eis der Welt und köstliche Pasta und Pizza bietet, können sich Kinder nur wohlfühlen.

Da man Pizza problemlos zu jeder Tageszeit kaufen kann, ist man nicht auf die Öffnungszeiten der Restaurants für Erwachsene angewiesen (oft erst ab 20 Uhr). Selbst elegante Adressen erweisen sich als kinderfreundlich. Für die Kleinsten findet sich fast immer ein hoher Kinderstuhl *(seggiolone)*, und wer Pasta mit scharfen oder »exotischen« Saucen vermeiden will, sollte sie einfach mit Tomatensauce *(pasta al pomodoro)* oder mit Öl und Parmesan *(pasta in bianco)* bestellen. Vielleicht staunen Sie auch, wie schnell sich Ihre Kleinen an »ausgefallene« Gerichte wie Fisch und Meeresfrüchte wagen (z.B. Tintenfisch). Lassen Sie sie einfach von Ihrem Teller versuchen.

Zwei Parks und ein Rummelplatz

Der Park der **Villa Borghese** (Eingang: Piazzale Flaminio) mit Spielplatz, Tretbooten auf dem künstlich angelegten See, einem Minizoo, einem von Ponys gezogenen Zug und Mietfahrrädern eignet sich für Kinder am besten. Der **Parco del Gianicolo** südlich des Vatikans ist beliebt für Marionettentheater und Ponyreiten wie früher. Der **Luna Park** (auch: Luna EUR) ist ein altmodischer Vergnügungspark mit Riesenrad, Schaukeln und Karussellen am Rande Roms (Via delle Tre Fontane, U-Bahnlinie B, Station EUR Fermi).

Museen

Es gibt Museen, die auch Kinder begeistern. Wegweisend ist **Explora**, Via Flaminia 82, ein neues Museum für Kinder unter 12 Jahren, das in einem Straßenbahndepot aus den 1870er-Jahren eingerichtet ist. Auf unterhaltsame und pädagogische Weise, teils auch in interaktiven Experimenten, verschafft es Einblick in die Welt der Kommunikation, Technologie und Umwelt. So gibt es z. B. eine erste Vorstellung von der Physik Newtons und der Moderation einer TV-Nachrichtensendung. Führungen dauern 1¾ Std. und finden statt: Di–So um 10 (nicht im August), 12, 15 und 17 Uhr. ☎ 06 361 37 76

Schaurig ist das **Museo Criminologico di Roma**, Via del Gonfalone 29. Dieses ehemalige Gefängnis dokumentiert die Geschichte der italienischen Strafanstalten. Auch wird erläutert, wie die Polizei Verbrechen klärt, doch besonders die oftmals blutigen Strafen faszinieren Kinder. Di–Sa 9–13 Uhr, Di und Do 14.30–18.30, feiertags geschlossen ☎ 06 68 89 94 42

Die Grusel-Krypta

Wer Lust auf Gänsehaut hat, kann die Krypta der Chiesa della Immacolata Concezione (17. Jh.), Via Vittorio Veneto 27, besuchen. Hier schufen die Kapuziner *(Frati Cappuccini)* im Andenken an ihre verstorbenen Ordensbrüder ein schauerliches Mahnmal. Mit Schädeln, Schulterblättern, Beckenknochen, Schienbein- und Oberschenkelknochen gestalteten sie ein Stundenglas, Blumenmotive, Baldachine, Rosetten, achteckige Sterne und eine Kreuzigung mit einer Krone aus Rückenwirbeln. Ihre Kinder werden begeistert sein.

Der Schlund der Löwen und der Mund der Wahrheit

Das antike Bauwerk, an dem so gut wie alle Kinder Gefallen finden, ist das Kolosseum, denn sie malen sich gerne aus, wie hier Christen den Löwen zum Fraß vorgeworfen wurden. Ebenfalls beliebt ist bei den Kleinen die Bocca della Verità (siehe S. 21), in die sie gerne ihre Hand hineinstrecken.

Essen und Trinken

In den im Folgenden aufgeführten Restaurants und Trattorien isst man gut und preiswert. Typische Imbisse gibt es in einer *enoteca* (Weinstube). Bars und Caffès servieren auch köstliche Sandwiches, warme *panini* und unwiderstehliche Süßspeisen. Der ideale Ort, um müde Beine auszustrecken und römische *dolce vita* zu beobachten.

Das Menü beginnt meist mit *bruschette* (mit Knoblauch und Olivenöl eingeriebenes geröstetes Brot). Dann gibt es Teigwaren, z. B. *bucatini all'amatriciana*. Das Hauptgericht besteht aus Fleisch: *coda alla vaccinara* (geschmorter Ochsenschwanz), *abbacchio al forno* (gebratenes Lamm), *saltimbocca alla romana* (Kalbfleisch mit Schinken und Salbei). Zum Nachtisch sollten Sie unbedingt das hausgemachte *gelato* probieren. Der bekannteste römische Weißwein ist der Frascati, aber auch Castelli Romani, Marino, Colli Albani, Velletri und Verdicchio sind sehr gut. Die Rotweine kommen meist aus anderen Landesteilen.

[1] unter €25 [2] €25–50 [3] über €50

DAS ANTIKE ROM

Apuleius
Via Tempio di Diana 15
☎ 06 57 28 92 29
Sa mittags und So geschlossen
3
In den Speisesaal dieses eleganten Restaurants im Viertel Aventino wurde ein Stück einer alten römischen Mauer integriert. Die Gerichte sind erlesen, mit besonderen Gewürzen verfeinert und schön angerichtet.

DAS HISTORISCHE ZENTRUM

Achilli al Parlamento
Via dei Prefetti 15
☎ 06 687 34 46
So geschlossen
1
In dieser *enoteca* (Weinbar) gibt es köstliche belegte Brötchen, ein kaltes Büfett, zum Nachtisch Kuchen – und dazu gute Weine wie Barolo oder Sassicaia.

Ad Hoc
Via di Ripetta 43
☎ 06 323 30 40
2
Das Lokal in einem Haus aus dem 16. Jh. ist bekannt für Fischspezialitäten und frische Pasta mit Trüffeln und Muscheln. Gute Weinkarte.

AL 34
Via Mario de' Fiori 34
☎ 06 679 50 91
Mo geschlossen
2
Köstliches Essen, gute Stimmung. Kosten Sie die Ravioli mit 34 Kräutern!

Al Pompiere
Via Santa Maria dei Calderari 38
☎ 06 686 83 77
Sonntag geschlossen
2
Im Cenci-Palast, im Herzen des ehemaligen jüdischen Ghettos, werden einige Gerichte nach alten römischen Rezepten zubereitet. Der Speisesaal hat eine schöne Holzdecke.

Antica Enoteca
Via della Croce 76B
☎ 06 679 08 96
15./16. August geschlossen
1
Reizende altmodische Weinstube und Restaurant mit herzhafter Küche – eines der beliebtesten Lokale der Stadt. Hier kann man auch Olivenöl und *grappa* kaufen.

Antica Enoteca Beccaria
Via C. Beccaria 14
☎ 06 321 73 57
Sa nachmittags geschlossen
1
Nicht weit vom Piazzale Flaminio. Schöne Theke für Weindegustation, Käse, Salami und *porchetto* (Spanferkel).

Antico Caffè Greco
Via Condotti 86
☎ 06 679 17 00
Liszt, Gogol, Goethe und viele andere Berühmtheiten trafen sich in diesem 1760 eröffneten Caffè.

Antico Caffè della Pace
Via della Pace 3–7
☎ 06 686 12 16
2
Beliebtes Schriftsteller- und Künstlercaffè nördlich der Piazza Navona. Köstliche Schokoladendesserts.

Babington's Tea Rooms
Piazza di Spagna 23
☎ 06 678 60 27
Di geschlossen
Das im Jahr 1893 von zwei englischen Ladys gegründete Lokal serviert noch heute echt englischen Tee und Brötchen.

Bar del Fico
Piazza del Fico 26/28
☎ 06 686 52 05
So vormittags geschlossen
Schauspieler, Künstler und Politiker diskutieren hier unter dem Feigenbaum über Gott und die Welt…

Bevitoria Navona
Piazza Navona 72
☎ 06 68 80 10 22
1
Italienische Weine, Imbisse und Appetithäppchen.

Caffè Farnese
Via dei Baullari 106
☎ 06 68 80 21 25
Ein guter Treffpunkt bei der Piazza Farnese und ideal, um in aller Ruhe die Passanten zu beobachten.

Ciampini al Café du Jardin
Piazza Trinità dei Monti 1
☎ 06 678 56 78
Mi geschlossen (außer im Sommer)
2
Wenn man sich hier abends einen Aperitif oder ein *gelato* genehmigt, ist der Sonnenuntergang über Rom gleich inbegriffen. Dachgarten und Restaurant.

Corallo
Via del Corallo 10
☎ 06 68 30 77 03
Täglich 12–16 und 19–01 Uhr geöffnet
1
In der Nähe der Piazza Navona; gutes Angebot an Pizze und herzhaften *focacce*. Dienstags und freitags gibt es Fisch- und Grillgerichte.

Cul de Sac
Piazza Pasquino 73
☎ 06 68 80 10 94
1
Eine winzige Weinbar mit zwei Reihen von Tischen. Italienischer Käse und Räucherfleisch, Bohnensuppe, griechischer Salat, Nachspeisen. Das Lokal ist sehr beliebt; es ist jedoch nicht möglich, im Voraus zu reservieren.

Da Baffetto
Via del Governo Vecchio 114
☎ 06 686 16 17
19–24 Uhr
1
Eine wahre Institution, die berühmt ist für ihre riesigen Pizze (man muss häufig anstehen).

Ditirambo
Piazza della Cancelleria 74/75
☎ 06 687 16 26
Mo mittags geschlossen; Reservierung empfohlen
2
Kleine, lebhafte Trattoria. Köstliche frische Pasta, vegetarische Gerichte, himmlische Nachspeisen.

Gelateria della Palma
Via della Maddalena 20/23
☎ 06 68 80 67 52
Hervorragendes Eis; die Wahl unter den über 100 verschiedenen Geschmacksrichtungen fällt schwer.

Giolitti
Via degli Uffici del Vicario 40
☎ 06 699 12 43
Diese berühmte *gelateria* nahe der Piazza di Montecitorio schafft wahre Kunstwerke aus Eiscreme, so z. B. die *Torre Eiffel*, die fast so groß ist wie der Eiffelturm selbst und die fantastische *Coppa Olimpica Mondiale*.

'Gusto
Piazza Augusto Imperatore 9, Via della Frezza 16
☎ 06 322 62 73
2
Ein schickes Restaurant, das »kreative Mittelmeer-Küche« anbietet; die Speisekarte wird alle vier Monate geändert. Dazu gehören eine Pizzeria, eine Weinbar, ein dem Wein gewidmeter Buchladen und ein Shop mit Gourmetgeschenken und edlen Küchenutensilien. Gleich nördlich des Mausoleo di Augusto.

Il Valentino
Via della Fontanella 14
☎ 06 361 08 80
April–Oktober geöffnet
3

Das elegante Restaurant mit Dachgarten des Hotels Valadier; kreative italienische Küche. Zwischen Via del Babuino und Via del Corso.

La Campana
Vicolo della Campana 18/20
☎ 06 686 78 20
Mo geschlossen
[2]
Das angeblich älteste Restaurant Roms in einem Palast aus dem 16. Jh. nahe dem Palazzo Montecitorio. Köstliche *carciofi* (Artischocken) in Olivenöl oder *tagliolini* (Eierteigwaren) mit Sardellen und Pecorino.

La Penna d'Oca
Via della Penna 53
☎ 06 320 28 98
Nur abends geöffnet, So geschlossen
[2]
Vor allem originelle Gerichte mit Fisch und Meeresfrüchten, aber auch Fleischspeisen. Hausgemachte Desserts wie etwa heißer Birnenkuchen.

La Rosetta
Via della Rosetta 8
☎ 06 686 10 02
Sa und So mittags geschlossen
Reservierung empfohlen
[3]
Das erste und beste Fischrestaurant von Rom. Es wurde 1966 gegründet und wird heute vom Sohn der Besitzer geführt. In unmittelbarer Nähe zum Pantheon gelegen.

La Taverna di Giovanni
Via del Banco di Santo Spirito 58
☎ 06 686 41 16
Mo geschlossen
[1]
Gegenüber dem Castel Sant'Angelo gibt es einfache und schmackhafte römische Spezialitäten – *rigatoni alla matriciana, gnocchi, tripe* usw. – zu angemessenen Preisen.

La Vecchia Bottega
Via S. Maria del Pianto 9A/11
☎ 06 68 19 22 10
So und Mo geschlossen
[1]
In dieser Weinbar in der Nähe des Campo dei Fiori werden kalte Speisen aus ganz frischen Zutaten zubereitet: Salate, Carpaccio und *involtini* (Fleischrouladen mit verschiedensten Füllungen).

Margutta Vegetariano
Via Margutta 118
☎ 06 32 65 05 77
[2]
Vegetarianer und Veganer kommen in diesem Lokal an einer ruhigen Straße mit vielen Künstlerateliers auf ihre Kosten: Es gibt viele schmackhafte und fantasievolle Gerichte, unter anderem aus Tofu.

Myosotis
Vicolo della Vaccarella 3/5
☎ 06 686 55 54
So und Mo mittags geschlossen
[2]
Unvergesslich, wie schon der Name des Lokals (»Vergissmeinnicht«) verspricht: köstliche *frittura mista di pesce* (in heißem Öl ausgebackene Fische), gebackener Schwertfisch mit Käsefüllung, frisch gebackenes Brot…

Osteria del Sostegno
Via delle Colonnelle 5
☎ 06 679 38 42
Mo geschlossen
[1]
Eine abwechslungsreiche Speisekarte und ein freundlicher Rahmen in einer Allee hinter dem Pantheon.

Osteria dell'Antiquario
Piazzetta S. Simeone 26
☎ 06 687 96 94
So geschlossen
[2] – [3]
Der einfallsreiche Küchenchef passt traditionelle Gerichte dem neuzeitlichen Geschmack an.

Otello alla Concordia
Via della Croce 81
☎ 06 679 11 78
So geschlossen
Reservierung empfohlen
2
In einem Palast aus dem 18. Jh., mit Garten. Fischspezialitäten.

Pancrazio
Piazza del Biscione 92
☎ 06 686 12 46
Mi geschlossen
2
In den Ruinen des einstigen Pompejus-Theaters. Der Meeresfrüchte-Risotto schmeckt köstlich.

Porto di Ripetta
Via di Ripetta 250
☎ 06 361 23 76
So geschlossen
2
Man speist in einem alten Kellergewölbe; ausschließlich Fischgerichte in origineller Zubereitung.

La Sagrestia
Via del Seminario 89
☎ 06 679 75 81
Mi geschlossen
1
Klassische Gerichte aus Rom, der Toskana und dem Mittelmeerraum.

Sant'Eustachio
Piazza Sant'Eustachio 82
☎ 06 654 20 48
Eines der berühmtesten Kaffeehäuser Roms in der Nähe des Pantheons. Kosten Sie den *gran caffè*.

Settimio all'Arancio
Via dell'Arancio 50
☎ 06 687 61 19
So geschlossen
2
Fantasievolle Fleisch- und Fischspeisen in etruskisch angehauchtem Dekor.

Vecchia Roma
Piazza Campitelli 12
☎ 06 686 46 04
Mi geschlossen
1
Zum Restaurant umgebaute Kirche nördlich des Teatro di Marcello. Im Sommer Salate, im Winter Fleisch mit Polenta, Fisch und Gemüse, guter Risotto und Pasta.

QUIRINAL UND ÖSTLICHE INNENSTADT

Al Boschetto
Via del Boschetto 30
☎ 06 474 47 70
So mittags geschlossen
1
Frische und gesunde Küche; eine Spezialität des Hauses sind die Pilzgerichte.

Al Ceppo
Via Panama 2
☎ 06 855 13 79
Montag geschlossen
2
Ideal als Zwischenhalt auf dem Weg zu den Katakomben der Priscilla. Gute Fleischspeisen und verführerische Desserts.

Al Moro
Vicolo delle Bollette 13
☎ 06 678 34 95
So geschlossen
2

GELATO

Neben vielen anderen Dingen, die Marco Polo im 13. Jh. aus China mitgebracht haben soll, verdanken wir ihm auch das Speiseeis. Allerdings kannten schon die alten Römer eine Variante der kalten Leckerei. Kaiser Nero hatte die Gewohnheit, seinen Gästen ein Gemisch aus pürierten Früchten, Honig und Schnee zu servieren. Meister in der Herstellung italienischer *gelati* waren Pratti and Tortoni, die zu Ende des 18. Jh. die Königshöfe Europas mit ihren Kreationen belieferten. Zu Beginn des 20. Jh. erhoben dann die USA Anspruch auf den Weltmeistertitel – kurze Zeit nach der ersten Einwanderungswelle aus Italien.

Eine echte Trattoria mit einfacher Küche; empfehlenswert ist *abbacchio* (zarter Lammbraten mit Rosmarin).

Alfredo a Via Gabi
Via Gabi 36
☎ 06 77 20 67 92
Di geschlossen
2
Große Trattoria mit Pergola hinter San Giovanni in Laterano. Sehr reichhaltige Kost und ausgiebige Portionen, z. B. Nudeln mit Pilz-Sahnesauce oder *straccetti al gorgonzola* (dünne Scheiben Rindfleisch an Käsesauce).

Arancia blu
Via dei Latini 55/65
☎ 06 445 41 05
Abends ab 20.30 Uhr
Reservierung empfohlen
1
Trendiges Restaurant für Weinkenner und vegetarische Gourmets.

Café de Paris
Via Vittorio Veneto 90
☎ 06 481 56 31
2
Hier trifft sich die Hautevolee; Restaurant, Bar, *pasticceria* und *gelateria*.

Cantina Cantarini
Piazza Sallustio 12
☎ 06 48 55 28
So geschlossen
2
Unvergessliches *fritto misto* (frittierte Fleisch- und Gemüsestücke) in freundlicher Atmosphäre nahe der Porta Pia. Von Donnerstag abends bis Samstag nur Fisch.

Cesarina
Via Piemonte 109
☎ 06 42 01 34 32
So geschlossen
2
Küche aus Rom und der Region Emilia-Romagna; gute Fischspezialitäten.

Da Franco ar Vicoletto
Via dei Falisci 1 A/2
☎ 06 495 76 75
Mo geschlossen
Reservierung empfohlen
1
Frischer Fisch, originell zubereitet.

Da Robertino
Via Panisperna 231
☎ 06 474 06 20
Mo geschlossen
2
Klassische, aber kreative Küche in elegantem Rahmen. Champagner-Risotto, Fisch, Fleischgerichte.

Est! Est!! Est!!!
Via Genova 32
☎ 06 488 11 07
Mo geschlossen
1
Eine der bekanntesten Pizzerias der Stadt. Die Stimmung ist gemütlich; zu empfehlen sind *calzone* (gefüllte Tasche aus Pizzateig) und *filetti di baccalà* (Kabeljaufilets).

Hostaria Isidoro
Via di San Giovanni in Laterano 61
☎ 06 700 82 66
Sa geschlossen
2
Stimmungsvolles Lokal in einem ehemaligen Kloster aus dem 16. Jh. Große Auswahl an Pastagerichten, darunter Gnocchi.

Hosteria Cannavota
Piazza San Giovanni in Laterano 20
☎ 06 77 20 50 07
Mi geschlossen
1
Bei den Einheimischen beliebt; gute Küche, reichliche Portionen, hübsches, altmodisches Ambiente.

Mario's
Piazza del Grillo 9
☎ 06 679 37 25
Mo geschlossen
1
Gepflegtes Restaurant beim Foro di Augusto; erlesene Fischgerichte.

TRASTEVERE

Bibli
Via dei Fienaroli 28
☎ 06 581 45 44
Mo mittags geschlossen

Einmalige Kombination: Caffè, Buchladen, Kulturzentrum und Internetcafé.

Checco er Carrettiere
Via Benedetta 10/13
☎ 06 580 09 85
1
Eines der typischsten und beliebtesten Restaurants von Rom am Ende des Ponte Sisto, das seit mehr als 60 Jahren in Familienhand ist. Einfache Speisen, für die auch weniger »noble« Fleischsstücke und Innereien verwendet werden. Frischer Fisch.

La Cornucopia
Piazza in Piscinula 18
☎ 06 580 03 80
Di geschlossen
2
Romantische Ambiance in diesem Fischrestaurant am Ende des Ponte Palatino. Bei schönem Wetter werden Tische auf dem Platz gedeckt, wo man bei Kerzenlicht speist.

Da Ivo
Via di San Francesco a Ripa 158
☎ 06 581 70 82
Di geschlossen
1
Im Sommer stehen die Tische dieser Pizzeria auf der Straße. Einheimische Fußballfans kommen hierher, um die Spiele am Fernsehen zu verfolgen.

Romolo nel Giardino della Fornarina
Via Porta Settimiana 8
☎ 06 581 82 84
Mo geschlossen
2
Ideal für ein Abendessen bei Kerzenschein. Der Name des Lokals stammt von Fornarina, der Tochter des damaligen Besitzers, die im 16. Jh. hier lebte und angeblich Raffaels Geliebte war.

Taverna Trilussa
Via del Politeama 21–23
☎ 06 581 89 18
Täglich (außer So) abends geöffnet
2
Das Restaurant liegt in der Nähe des Ponte Sisto und hat eine sehr große Auswahl an köstlichen Teigwarengerichten.

UM DEN VATIKAN

L'Angoletto ai Musei
Via Leone IV 2A
☎ 06 39 72 31 87
Di geschlossen
1
Eine gemütliche Pizzeria in der Nähe der Vatikanischen Museen mit großer Auswahl.

Lorodinapoli
Via Fabio Massimo 101
☎ 06 323 57 90
So geschlossen
2
Bis ins kleinste Detail echt neapolitanisch. Jeden Abend andere Speisekarte. Besonders im Theatermilieu gut bekannt.

Piero e Francesco
Via Fabio Massimo 75–77
☎ 06 320 04 44
So geschlossen
2
Frischer Fisch mit mediterraner Note. Hausgemachte Desserts.

Zi Gaetana
Via Cola di Rienzo 263
☎ 06 321 23 42
So geschlossen
2
Trendiges Lokal. Die Speisekarte wechselt täglich. Klassische Gerichte mit überraschenden Zutaten; leckere Nachspeisen.

TESTACCIO

Agustarello a Testaccio
Via G. Branca 98
☎ 06 574 65 85
So und Mo mittags geschlossen
Reservierung empfohlen
Keine Kreditkarten
2
Dieses schöne, typische Lokal nördlich des Monte Testaccio (in der Nähe des früheren Schlachthauses) serviert traditionelle römische Spezialitäten, d.h. viele Innereien.

Unterhaltung

Am belebtesten sind am Abend die kleinen Straßen rund um Trastevere, Piazza Navona, Pantheon und Testaccio, und auch auf der Via Veneto und der Via Libetta (Ostiense) gibt es eine Menge Nachtklubs. Die in den Kirchen dargebotene Sakralmusik ist gewöhnlich von außergewöhnlicher Qualität; die Konzertprogramme werden überall in der Stadt aufgehängt. Aber auch wer sich für Opern und Ballett interessiert, kommt in Rom auf seine Kosten. Alle nötigen Auskünfte zu den in Rom angebotenen Unterhaltungsmöglichkeiten stehen in Publikationen wie *Città Aperta* und *Roma c'è* und auf den entsprechenden Seiten oder in den Wochenbeilagen der Tageszeitungen *Il Messaggero, Il Manifesto, Paese Sera* oder *La Repubblica*.

Karten kann man meist online bestellen – entweder auf der Website des Veranstalters,
über www.vivaticket.it
oder bei Box Office, Viale Giulio Cesare 88
Mo–Sa ☎ 06 37 50 03 75

Konzertkarten sind in folgendem großen Musikgeschäft erhältlich:
Messaggerie Musicali, Via del Corso 473
☎ 06 68 44 01

THEATER

Teatro Nazionale
Via del Viminale 51
Theaterkasse Di–Sa 9–17 Uhr, So 9–13.30 Uhr
☎ 06 47 82 51 40
Hier treten berühmte Schauspieler in zeitgenössischen Stücken, meist Komödien, auf. Auch Musicals und Konzerte werden aufgeführt. Jeden Donnerstag spielt das Orchestra Regionale del Lazio.

Teatro Eliseo
Via Nazionale 183
Theaterkasse
Di–So 9.30–15 und 15.30–19.30 Uhr
☎ 06 48 87 22 22
☎ 06 488 21 14
www.teatroeliseo.it
Das vor über 100 Jahren gegründete, sehr beliebte Theater bietet neben Klassikern auch Musik und Aufführungen für Kinder (»Eliseo Ragazzi«).

OPER, BALLETT

Teatro dell'Opera (Teatro Costanzi)
Piazza Beniamino Gigli 1
Theaterkasse Di–Sa 9–17 Uhr, So 9–13.30 Uhr sowie 1 Stunde vor Beginn der Aufführungen
☎ 06 48 16 01
Studenten, Jugendliche (bis 25) und Senioren (über 65) zahlen den halben Preis (außer bei Premieren). Manche Aufführungen finden im Teatro Nazionale statt. Das Opernhaus hat sein eigenes Orchester und sein Ballettensemble. Die Saison dauert von November bis Mai, im Juli und August bilden die Caracalla-Thermen den Rahmen für Freiluftdarbietungen. In der Regel zieht man sich in Rom für die Oper elegant an, ganz besonders zur Premiere. Die meisten Sitze befinden sich in Logen; man hat auch von den oberen Rängen (*Galleria* und *Balconata*) aus eine gute Sicht, und die Plätze sind günstiger.

Teatro dell'Opera

Teatro Olimpico
Piazza Gentile da Fabriano 17
Theaterkasse täglich außer So 11–19 Uhr
☎ 06 326 59 91
Das Theater, Sitz der Accademia Filarmonica Romana, veranstaltet Konzerte, Ballette und Kammermusik. Häufig sind berühmte Orchester und Dirigenten zu Gast.

Terme di Caracalla
Viale delle Terme di Caracalla 52
Im Sommer Oper und Tanz unter freiem Himmel. Reservierungen im Teatro dell'Opera. Opern werden in der Originalsprache mit italienischen Untertiteln aufgeführt.

JAZZ UND BLUES

Alexanderplatz
Via Ostia 9 (Prati)
☎ 06 39 75 18 77
Täglich 20.30–3 Uhr
Abendessen bis 22.30 Uhr, anschließend Show
Italiens ältester Jazzklub. Große Jazzmusiker haben ihre Autogramme an den Wänden hinterlassen.

Big Mama
Vicolo San Francesco a Ripa 18
☎ 06 581 25 51
Reservierung fürs Essen empfohlen
Di–Sa 21–1.30 Uhr
Juni–Sept. geschlossen
Hier spielen Musiker aus dem In- und Ausland Blues und Jazz.

Classico Village
Via Libetta 3
☎ 06 574 33 64
Di–So 21.30–2.30 Uhr geöffnet

Livemusik, vor allem Jazz. Am Wochenende DJs.

Fonclea
Via Crescenzio 82A
(bei Castel Sant'Angelo)
☎ 06 689 63 02
Jeden Abend geöffnet
In diesem populären Klub gibt es viel Jazz zu hören, aber auch Soul, Rock, Funk, Latino und R&B. Italienische und mexikanische Küche.

Jazz & Image a Villa Celimontana
Via della Navicella
☎ 06 589 78 07
Juli und August
Büro Mo–Fr 9.30–17.30 Uhr; Ticket-Info ☎ 06 77 20 84 23 ab 19.30 Uhr
Shows um 22.15 Uhr
Programm: www.villacelimontanajazz.com
Beliebtes Jazzfestival auf dem Gelände einer alten römischen Villa, inmitten von Pinien, Steineichen und Skulpturen.

BARS UND NACHTLOKALE

Alpheus
Via del Commercio 36
☎ 06 574 78 26
Fr–So 22–4 Uhr
Juli und Aug. geschlossen
Musik für jeden Geschmack, von R&B bis Trash. Live-Gigs, Festivals, Theater und Cabaret.

Il Barcone sul Tevere
Lungotevere degli Artigiani 30
(Testaccio-Viertel)
Wer etwas Besonderes sucht, kann an Bord dieses Schiffes am Tiberufer tanzen gehen. Cocktailbar und Disco.

Dome Rock Café
Via Domenico Fontana 18
☎ 06 705 24 36
Di–So 21–2 Uhr
Ausgefallener, aber einladender Rahmen, ausgezeichnete Cocktails und vielfältige Musik (Elektro, Dark, Gothic).

Escopazzo
Via dell'Aracoeli 41
☎ 06 69 20 04 22
Täglich 20.30–3 Uhr
Mi–Sa Livemusik, So–Do gratis Jamsessions; außerdem eine gut ausgerüstete Bar, wo Sie unter 200 verschiedenen Cocktails, vorzüglichen Bieren und Weinen (aber auch gutem Essen) auswählen können. Beliebt bei Leuten um die 30.

Gilda
Via Mario de' Fiori 97
☎ 06 678 48 38
Di–So, Restaurant und Weinbar ab 21.30 Uhr, Disco 24–4 Uhr
Juli und Aug. geschlossen, für diese Zeit zieht das Gilda an den Strand von Fregene
Schickes Tanzlokal für die Wohlhabenden und Prominenten (Jackett unerlässlich).

Gilda

Goa
Via Libetta 13
☎ 06 574 82 77
Di–So 23–4 Uhr
Disco im Ethno-Stil; Musik von House über Tribal bis Jungle und Hip-Hop. Am Dienstag ist Gay-Night.

Piper Club
Via Tagliamento 9
☎ 06 855 53 98
Reservierung empfohlen
Berühmtes und beliebtes Lokal, die Musikrichtung ändert jeden Abend: Underground, House, Rock, 70er-Discohits. Am Samstag vor allem Gays.

Tartarughino
Via della Scrofa 1
☎ 06 686 41 31
Abendessen ab 20 Uhr, Pianobar ab 22 Uhr.
So und Juni–Sept. geschlossen
Exklusive Pianobar.

ROM AUF DER LEINWAND

Roms epische Dichte und die leidenschaftliche Menschlichkeit machen es seit jeher zu einer einzigartigen Kulisse. Das wäre wohl schon zu Julius Cäsars Zeiten wahr gewesen, hätte es damals schon Filme gegeben. Die Ewige Stadt musste aber bis 1896 warten, als einige Monate nach der Erfindung des Kinematografen durch die Gebrüder Lumière in Frankreich Papst Leo XIII. dabei gefilmt wurde, wie er die Kamera segnete – und damit zum Taufpaten des italienischen Kinos wurde. In der Stummfilmzeit verarbeitete man Roms bewegte Geschichte und hatte eine Vorliebe für patriotische Themen wie die schwierigen Anfänge des geeinten Italiens in Filoteo Alberinis *La Presa di Roma* (*Die Eroberung Roms*, die sich 1870 ereignete) oder populäre Melodramen wie die Ermordung Julius Cäsars. Allein von 1912 bis 1940 dienten die Intrigen und Giftmorde um Lucrezia und Cesare Borgia als Stoff für sage und schreibe 5 Filme.

Cinecittà

Bennito Mussolini gründete in den 1930er-Jahren die berühmten Studios von Cinecittà und das *Centro Sperimentale di Cinematografia*, eine Filmschule. Der Diktator war sich der Propagandafunktion dieser Kunst bewusst, und in den ersten 6 Jahren wurden hier um die 300 Filme gedreht. Zu den berühmtesten Schülern nach dem 2. Weltkrieg zählen Roberto Rossellini, Federico Fellini und Michelangelo Antonioni. Der von Rossellini inmitten ratternder Jeeps und Panzer gedrehte Film mit der großartigen Anna Magnani hieß *Roma Città Aperta (Rom, offene Stadt)*. Mehrere Filme Fellinis waren bittersüße Oden an die geliebte Stadt. *La Dolce Vita* (1960) mit Marcello Mastroianni, der Anita Ekberg aus dem Trevi-Brunnen fischt; *Fellini Roma* (1972) mit der unvergesslichen Szene antiker Fresken, die bei Bauarbeiten für die neue U-Bahn im Kontakt mit dem Tageslicht verblassen; *Ginger e Fred* (1985), erneut mit Mastroianni und Fellinis Frau Giulietta Masina als gealterte Tänzer in einem römischen Studio, das eine Trash-TV-Show vorbereitet. Der Regisseur Ettore Scola beleuchtete in dem bewegenden Film *C'eravamo Tanto Amati* (*Wir waren so verliebt*, 1974, mit Vittorio Gassman und Nino Manfredi in den Hauptrollen) kompromisslos die sozialen Hintergründe in Roms Alltag in den Nachkriegsjahren. *Brutti, Sporchi e Cattivi* (*Die Schmutzigen, die Hässlichen und die Gemeinen*, 1976) ist das zynische Porträt einer Barackensiedlung am Stadtrand; und *Una Giornata Particolare* (*Ein besonderer Tag*, 1977) zeigt das Leben in den Mietskasernen unter Mussolini (mit Mastroianni und Sophia Loren). Pier Paolo Pasolinis großartiges Drama *Mamma Roma* zeigt 1962 die sozialen Probleme der Vorstadt auf.

Hollywood in Rom

Das alte Rom inspirierte Hollywood zu Glanzrollen wie Peter Ustinovs Nero in *Quo Vadis?* (1951); Marlon Brando hielt als Marcus Antonius in Joseph Mankiewiczs *Julius Cäsar* (1953) die Totenrede für Cäsar; Charlton Heston gewann das Wagenrennen in William Wylers *Ben Hur* (1959); Kirk Douglas führte in Stanley Kubricks *Spartakus* (1960) den Sklavenaufstand an; Anthony Hopkins mimte *Titus Andronicus* im gleichnamigen Film (1999) von Julie Taymor; Russell Crowe tötete Kaiser Commodus in Ridley Scotts *Gladiator* (2000). Aber auch Roms romantische Seite kam nicht zu kurz: so in *Roman Holiday* (*Ein Herz und eine Krone*, 1953) mit Gregory Peck und Audrey Hepburn. Und in *Der Pate III* (1990) verknüpft Francis Ford Coppola die Saga der Corleones mit dem mysteriösen Tod eines Papstes.

Rom heute

Nach Anfangserfolgen mit *L'Ultimo Bacio* (*Der letzte Kuss*, 2001) eroberte Gabriele Muccino, ein Schüler des *Centro Sperimentale di Cinematografia*, mit *Das Streben nach Glück* (2006) Hollywood. Der engagierte Filmemacher Nanni Moretti blickt in *Caro Diario* (*Liebes Tagebuch*, 1993) mit zärtlicher Ironie auf die italienische Hauptstadt und stellt in *Il Caimano* (*Der Italiener*, 2006) Berlusconi mit grimmigem Zynismus dar.

FIAT
500

Wichtiges in Kürze

Banken

Öffnungszeiten: Mo–Fr 8.30–13.20 Uhr; die großen Banken sind meist zusätzlich 14.30–16 Uhr geöffnet (diese Zeiten können sich aber ändern).

Behinderte

Rom wurde nicht für Rollstuhltouristen gebaut. Zum Glück nimmt das Problembewusstsein in jüngerer Zeit aber zu, und bei Neubauten und Renovierungen werden zunehmend Rampen angebaut. Allerdings sind die Gehsteige Roms nach wie vor sehr hoch, haben meist keine Rampen und der Belag ist vielerorts in schlechtem Zustand. Dazu kommen zahlreiche Baustellen, Straßen gänzlich ohne Gehsteige und einige Brücken, die an beiden Enden mit Pollern versehen sind, sodass nur Fußgänger vorbeikönnen.

Die Metrolinie B ist mehr oder weniger behindertengerecht ausgestattet, doch die Stationen Circo Massimo, Colosseo und Cavour haben keine Zugänge für Rollstühle. Einige moderne Trams weisen Einsteigemöglichkeiten für Rollstühle auf. Taxis buchen Sie am besten per Telefon und weisen auf den Rollstuhl (*sedia a rotelle*) hin.

Hinweise zum öffentlichen Verkehr erhalten Sie auf www.atac.roma.it ☎ 06 46 95 40 01 oder ☎ 800 15 44 51 (Gratisnummer).

Um nicht allzu sehr auf den öffentlichen Verkehr angewiesen zu sein, empfiehlt es sich zudem, ein Hotel im Zentrum zu wählen.

Die Behindertenorganisation CO.IN setzt sich für die Verbesserung der Situation in Rom und im Latium ein. Ihre Homepage enthält nützliche Information und weitere Links:

www.coinsociale.it (italienisch und englisch)

Hilfreich sein kann auch:

www.handyturismo.it (italienisch und englisch)

Beschwerden

In Restaurants und Läden ist der Geschäftsführer dafür zuständig. Sonst hilft Ihnen das Ufficio Stranieri weiter: Via Genova 2, ☎ 06 46 86 29 87 (rund um die Uhr geöffnet).

Das Entgelt für Gepäckträger oder Droschkenkutscher können Sie immer im Voraus vereinbaren. Taxifahrten werden nach der Tarifliste im Wagen berechnet (Zuschlag nachts, an Feiertagen usw.).

Einreise
Für deutsche, österreichische und Schweizer Staatsangehörige genügt für die Einreise die Identitätskarte (der Personalausweis).

Feiertage und Feste

1. Januar	*Capodanno*	Neujahr
6. Januar	*Epifania*	Hl. Drei Könige
25. April	*Festa della Liberazione*	Tag der Befreiung Italiens
1. Mai	*Festa del Lavoro*	Tag der Arbeit
2. Juni	*Festa della Repubblica*	Tag der Republik (Nationalfeiertag)
15. August	*Ferragosto*	Mariä Himmelfahrt
1. November	*Ognissanti*	Allerheiligen
8. Dezember	*Immacolata Concezione*	Mariä Empfängnis
25. Dezember	*Natale*	Weihnachten
26. Dezember	*Santo Stefano*	Stefanstag

Beweglicher Feiertag: *Lunedì di Pasqua* (Ostermontag). Unter »Veranstaltungen« finden Sie weitere Feste und Veranstaltungen.

Flughäfen
Leonardo da Vinci, oder Fiumicino, 30 km südwestlich der Stadt, fertigt Linienflüge ab (zwei Terminals: Inland- und internationale Flüge). Zum Bahnhof Termini dauert die Zugfahrt 30 Minuten (einmal pro Stunde) und zum Bahnhof Tiburtina 40 Minuten (dreimal pro Stunde). Ciampino, 15 km südöstlich Roms, wird von vielen Chartergesellschaften angeflogen.

Flussfahrten
Eine Fahrt auf dem Tiber beginnt beim Ponte S. Angelo. Angeboten werden 70-minütige Rundfahrten oder Touren mit Abendessen (Dauer: 2 Stunden 15 Minuten). Eine Reservierung ist unerlässlich: ☎ 06 97 74 54 98
www. rexervation.com/crociere.asp

Fundsachen
In Rom ist es schwierig, verlorene Sachen zurückzuerhalten, und der beste Ratschlag lautet daher, seine Siebensachen so gut wie möglich im Auge

zu behalten. Aufgrund zu vieler Fundstücke haben das Städtische Fundbüro und jenes des Hauptbahnhofs Termini wegen Platzmangels kurzerhand geschlossen...

Wenn der Gegenstand im Bus oder in der Metro verloren ging, versuchen Sie Ihr Glück unter:

☎ 06 487 43 09 (Linie A) oder

☎ 06 57 53 22 65 (Linie B).

Eine weitere Möglichkeit ist, unter ☎ 06 676 932 14 anzurufen.

Geldangelegenheiten

An den Ankunftsstellen und überall in der ganzen Stadt sind Wechselautomaten mit Bedienungsanleitungen in mehreren Sprachen aufgestellt.

Die Wechselstuben (*cambio*) haben die gleichen Schalterstunden wie die Banken. Die Tageskurse schwanken von Büro zu Büro.

Gottesdienste

In den katholischen Kirchen wird die Messe auf Italienisch gelesen. Andere Gottesdienste:

Comunità Ebraica (Synagoge)
Lungotevere Cenci, ☎ 06 684 00 61

Chiesa Evangelica Metodista
Via Firenze 38, ☎ 06 481 48 11

Centro Islamico – Moschea di Roma
Viale della Moschea, ☎ 06 808 22 58

Informationsstellen für Touristen

In der ganzen Stadt verteilt und am Flughafen Fiumicino gibt es Informationsstellen für Touristen, die **Punti Informativi Turistici (PIT)**. An diesen grünen Kiosken erhält man Auskünfte in mehreren Sprachen. Außerdem gibt es hier Stadtpläne, kostenlose Unterlagen und Museumspässe (siehe S. 91). Täglich 9–19 Uhr, ☎ 06 06 08, Internetseite: www.060608.it

Informationen über die Museen Roms finden Sie auf folgender Seite: www.museiincomuneroma.it

Museumspässe

In den PIT können Sie verschiedene Museumspässe erstehen: **4 Musei** kostet 7 € und ist gültig für den Palazzo Altemps, den Palazzo Massimo alle Terme, die Terme di Diocleziano und die Crypta Balbi. **Roma Archeologia** für 20 € berechtigt zum Besuch der oben genannten Sehenswürdigkeiten und des Kolosseums, des Palatins, der Caracalla-Thermen, des Mausoleums der Cecilia Metella und der Villa dei Quintili. **Capitolini** zu 8,50 € gilt für die Kapitolinischen Museen (ausgenommen temporäre Ausstellungen) und die Centrale Montemartini, Via Ostiense 106. **Appia Antica** für 7 € schließlich gewährt Zutritt zu den Caracalla-Thermen, dem Mausoleum der Cecilia Metella und der Villa dei Quintili.

Jede Karte ist an 7 aufeinanderfolgenden Tagen gültig und berechtigt zu jeweils einem Eintritt pro Sehenswürdigkeit.

Der **Roma Pass** (20 €, ab dem ersten Eintritt 3 Tage gültig) gewährt freien Eintritt zu 2 Museen und Ermäßigungen für alle weiteren; außerdem können Sie damit kostenlos die öffentlichen Verkehrsmittel benutzen.

Notfälle

Polizei (*carabinieri*):	☎ 112
Polizeinotruf:	☎ 113
Feuerwehr:	☎ 115
Medizinische Notfälle:	☎ 118
Krankenwagen:	☎ 06 47 498
Erste Hilfe:	☎ 06 88 10 512

Apotheken

☎ 06 22 89 41

Tag- und Nachtdienst:

Gellini
Corso Italia 100,
☎ 06 44 24 97 50

Internazionale
Piazza Barberini 49
☎ 06 482 54 56

Risorgimento
Piazza Risorgimento 44,
☎ 06 39 73 81 66

Krankenhäuser

Ospedale G. Eastman (Zahnklinik)

Viale Regina Elena 287/B, ☎ 06 844 83 12

Policlinico Umberto I
Viale del Policlinico 155, ☎ 06 499 71

Öffentliche Verkehrsmittel

In Rom verkehren zahlreiche orangefarbene Autobusse und einige Straßenbahnen; ein elektrischer Minibus (Nr. 119) fährt durch das historische Stadtzentrum.

Für eine 2-stündige Stadtrundfahrt nehmen Sie den Bus Nr. 110 ab Stazione Termini, Piazza dei Cinquecento; er verkehrt täglich alle 10 Min. von 8.40–19.40 Uhr. Preis 16 €, über Internet 14,40 € (gültig 1 Tag).

Der Archeobus ab Piazza dei Cinquecento fährt täglich von 9–16 Uhr, (Abfahrt alle 40 Min.) in die Via Appia Antica. Dauer der Fahrt: 1¾ Std., Preis: 13 €, über Internet 11,70 € (gültig 1 Tag).

Die kombinierte Fahrkarte Bus Nr. 110 und Archeobus kostet 24 € (bei Bestellung über Internet 21,60 €) und ist 2 Tage gültig. Reservierungen ☎ 06 684 09 01 ☎ 800 281 281 (Gratisnummer), www.trambus.com/serviziturististici.htm

Um das »Christliche Rom« zu entdecken, können Sie mit dem gelben Bus von Roma Cristiana zwei verschiedene Fahrten unternehmen. In rund 4 Std. führen Sie die Doppeldeckerfahrzeuge ebenfalls ab der Piazza dei Cinquecento zu jeweils 20 christlichen Stätten der Stadt. Täglich von 8.30–19.30 Uhr, Abfahrt alle 30 Min., Audioführer in 10 verschiedenen Sprachen (darunter deutsch), 13 €, ☎ 06 69 89 61.

Die römische U-Bahn verfügt nur über zwei Fahrstrecken:
A (orange) Battistini–Anagnina und
B (blau) Rebibbia–Laurentina

Ein- oder aussteigen kann man in der Nähe wichtiger Sehenswürdigkeiten: Vatikan, Piazza del Popolo, Piazza di Spagna, Piazza Barberini, Stazione Termini, Kolosseum, Circus Maximus. Die Züge fahren zwischen 5.30 und 23.30 Uhr alle 8 Minuten. Danach gibt es jede halbe Stunde einen Pendelbetrieb.

Fahrscheine

Einen Fahrschein kauft man in der U-Bahnstation, am Busbahnhof, in Bars, Tabakgeschäften oder am Zeitungsstand. Er kostet 1 € und ist (mit Umsteigen) 75 Minuten gültig; für die Metro kann man nur einfache Fahrten lösen (1 €).

Eine Tageskarte (BIG) für Bus und Metro kostet 4 €, eine Wochenkarte (CIS) 16 € und eine 3-Tage-Karte für Touristen (BTI) 11 € (Stand: September 2008).

In den Bus steigt man hinten ein und entwertet den Fahrschein am Automaten. Passagiere mit Tages- und Wochenkarten dürfen auch vorne einsteigen.

Öffnungszeiten

Die Öffnungszeiten der Museen sind sehr unzuverlässig. Die meisten sind am 1. Januar, 1. Mai und am 25. Dezember geschlossen und am 24. und 31. Dezember nur bis 14 Uhr geöffnet. Im Sommer bleiben die großen Museen abends bis 22 Uhr geöffnet. Am besten erkundigt man sich bei den PIT-Informationsstellen (siehe auch S. 90), oder man sieht auf der Internet-Seite www.060608.it nach.

Die Kirchen Roms sind im Allgemeinen 8.30 oder 9–12 oder 13 Uhr und 15.30 oder 16–17 oder 18.30 Uhr offen, manche auch nur während der Messe.

Die Läden sind gewöhnlich Montag nachmittags bis Samstag 9–13 und 15.30–19.30 Uhr geöffnet (im Sommer 16–20 Uhr). Manche Geschäfte bleiben durchgehend von 10.30–19.30 Uhr offen, auch am Sonntag. Im August liegt die Stadt wie ausgestorben da, denn alle Römer – selbst die Ladeninhaber – sind in den Ferien.

Pferdedroschken

Nichts ist schöner als eine Fahrt mit einer *carrozzella* durch die Stadt, vor allem durch den historischen Kern. Man kann eine Pferdedroschke für 30 Minuten oder einen Tag mieten; den Preis sollte man vor Antritt der Fahrt vereinbaren. Haltestellen: Piazza di Spagna, beim Colosseo, bei der Fontana di Trevi, San Pietro, Via Veneto, Villa Borghese, Piazza Venezia, Piazza Navona.

Für Informationen und Reservierungen:
☎ 06 85 30 17 58; ilsogno@romeguide.it

Post

Die Postämter im Zentrum, an der Piazza San Silvestro 19, Via di Porta Angelica 23, Via Marmorata und Viale Mazzini 101, sind gewöhnlich Montag bis Freitag 8.30–18.30 Uhr und Samstag 8.30–13 Uhr geöffnet. Weitere Postschalter finden Sie im Flughafen Fiumicino und im Bahnhof Termini sowie in der ganzen Stadt verteilt. Briefmarken sind auch in Tabakläden (*tabacchi*) und vielen Hotels erhältlich.

Taxis

Die offiziellen Taxis sind gelb und haben ein entsprechendes Schild auf dem Dach.

Nehmen Sie sich vor »Piratentaxis« in Acht, die ihre Dienste an Baudenkmälern und Bahnhofen anbieten.

Taxis warten an eigenen Ständen; auf Handzeichen vom Straßenrand reagieren sie nicht unbedingt. Funktaxis sind unter ☎ 06 66 45, ☎ 06 49 94 oder ☎ 06 35 70 zu erreichen. Die Fahrer erwarten 10% Trinkgeld.

Telefon

Um von den Fernsprechzellen aus anzurufen, die in der ganzen Stadt verstreut sind, benötigt man eine Telefonkarte. Die *carta telefonica* ist in Postämtern, Bars und Tabakläden, an manchen Zeitungsständen, bei den Hauptvertretungen des italienischen Fernmeldeamts und an Bahnhöfen erhältlich. Vor dem ersten Gebrauch müssen Sie die Ecke der Karte abreißen. Es ist jedoch leichter, von einem der öffentlichen Telefonzentren aus anzurufen, in denen man nach dem Gespräch an der Kasse zahlt: Man findet sie am Bahnhof Termini, Flughafen, Villa Borghese (Tiefgarage), Palazzo delle Poste und Piazza San Silvestro. Die letztgenannte Stelle ist rund um die Uhr geöffnet. Auskunft: Nummer 12 40.

Für Ferngespräche ins Ausland wählt man 00 und die Landeskennzahl (Deutschland 49, Österreich 43, Schweiz 41). Italiens Landeskennzahl ist 39.

Trinkgeld

Im Restaurant ist die Bedienung inbegriffen, aber man kann den Betrag aufrunden. Ein Trinkgeld bekommen Taxifahrer und Hotelpersonal – und wer immer Ihnen einen Dienst erweist.

Veranstaltungen

Januar	Am Dreikönigstag Spielzeugmarkt Piazza Navona
März–April	Karfreitag im Kolosseum: Via Crucis (Kreuzweg) unter päpstlicher Führung; Ostern: Segen des Papstes auf dem Petersplatz. Stufen der Kirche Trinità dei Monti: Azaleen und Konzerte in den Straßen.
April–Mai	Gemäldeausstellungen Via Margutta.
Mai	Antiquitätenmesse Via dei Coronari.
Juni	Genzano und Castelli Romani: blütenbedeckte Straßen an Fronleichnam. Piazza di Porta San Giovanni: Fest des hl. Johannes mit *porchetta*, Schnecken und Feuerwerk.
Juni–Juli	RomaEuropa in der Villa Medici: Film, Tanz, Theater und Konzerte. Expo Tevere am Tiber: Kunst- und Handwerkserzeugnisse, Lebensmittel und Wein, Musik und Feuerwerk.
Juli	Festa de Noantri in Trastevere: Umzüge und Stimmung.
Juli–August	Arte all'aperto mit Opern, Konzerten, Theater und Film in Ostia Antica, den Caracalla-Thermen, der Villa Ada, am Tiber und in den Parks. An der Trinità dei Monti gibt es eine Modeschau mit Kreationen großer Couturiers und den schönsten Topmodels.
August	Festa della Madonna della Neve in Santa Maria Maggiore: anstelle des legenären Schneefalls vom 4. Jh. ein Blütenregen.
September–Oktober	Kunsthandwerksausstellung in der Via dell'Orso.
Oktober	Weinfest mit Kostproben in Marino; aus dem Brunnen auf dem Hauptplatz sprudelt bei diesem Anlass der Wein. Antiquitäten-Ausstellung in der Via dei Coronari.
Dezember	Festa della Madonna Immacolata auf der Piazza di Spagna. Krippen in den Kirchen, auf dem Petersplatz in Lebensgröße. Letzter Abend im Jahr: Feuerwerk… und aus Fenstern fliegende Teller!

S. Maria in Traspontina
Via della Conciliazione
Largo Giov. XXIII
Mausoleo di Adriano
Lungotevere
Castello
Ponte Umberto I
V. S. Pio X
Borgo S. Spirito
L. Vaticano
Ponte S. Angelo
Piazza d. Ponte Umberto I
Via di Monte
Ponte V. Emanuele II
L. d. Altoviti
Piazza Ponte S. Angelo
L. Tor di Nona
S. Simeone
Via Tor di Nona
S. Salvatore in Lauro
Piazza Lancellotti
V. d. Acquasparta
Via Zanardelli
V. d. Soldati
Via d. Orso
Palazzo Altemps
L. in Sassia
L. dei Fiorentini
Piazza P. Paoli
Via Paola
V. d. B. di S. Spirito
Piazza dei Coronari
Via di Panico
Piazza S. Salvatore in Lauro
Via dei Coronari
Piazza Tor Sanguigna
Piazza Apollinare
V. A. d. Fontanella
Palazzo Gabrielli
S. Maria d. Pace
Piazza d. Rovere
Pte. Pr. Amadeo Savoia Aosta
Via Acciajoli
Largo Tassoni
Via dei Banchi Nuovi
V. di Monte
Vic. d. Vacche
V. d. Febo
Piazza 5 Lune
S. Giovanni dei Fiorentini
Via Giulia
Vic. d. Palle
Piazza d. Orologio
Via del Governo Vecchio
V. d. Corallo
Palazzo Gov. Vecchio
Via d. Parione
Via della Pace
V. S. Maria d'Anima
Piazza Navona
S. Agnese in Agone
Fontana dei Fiumi
Lungotevere
Largo d. Fiorentini
Palazzo Sacchetti
Vic. Sugarelli
Via d. Banchi Vecchi
Vittorio Emanuele II
Chiesa Nuova
Via del Teatro Pace
Pal. Pamphili
Piazza Pasquino
Fiume Tevere
L. dei Sangallo
Vic. d. Cefalo
Via dei Bresciani
Via dei Gonfalone
Piazza S. Cesarini
Vic. Cellini
Piazza d. Chiesa Nuova
Vic. d. Gov. Vecchio
Sora
Savelli
Pal. Braschi
Gianicolense
Vic. d. Malpasso
Via Larga
Corso Vittorio Emanuele II
S. Lorenzo in Damaso
Via d. Orti d'Alibert
Via S. Filippo Neri
Piazza de Ricci
Via di Monserrato
Via dei Pellegrino
Pal. d. Cancelleria
Piazza d. Cancelleria
Piazza S. Pantaleo
Museo Barracco
Via d. Baullari
Via delle Mantellate
Ponte G. Mazzini
V. S. Eligio
Via d. Barchetta
Via di Montoro
Capellari
Piazza Campo dei Fiori
Vic. d. Gallo
V. S. Caterina
Piazza S. Caterina della Rota
Piazza Farnese
Teatro Pompeo
V. d. Armata
V. d. Farnesi
Pal. Farnese
V. d. Balestrari
Vic. d. Grotte
Vic. di S. Francesco di Sales
Via d. Penitenza
Vic. d. Penitenza
Via della Lungara
S. Maria della Morte
V. d. Mascherone
Piazza d. Quercia
Vicolo d. Polverone
Palazzo Spada
V. d. Arco del Monte
Via dei Riari
Villa Farnesina
Tebaldi
Via dei Pettinari
Piazza Trinità dei Pellegrini
Palazzo Corsini
Lungotevere della Farnesina
PARCO GIANICOLENSE
Orto Botanico
Via Corsini
S. Dorotea
Piazza del Vincenzo Pallotti
Ponte Sisto
Via d. Conservatorio
Museo Torlonia
V. di Ponte Sisto
Piazza Trilussa
Lgt. del R. Sanzio
Via Garibaldi
V. della Scala
Vic d. Bologna
S. Maria della Scala
1 Zentrum
300 m
N
2
3
4
C
D

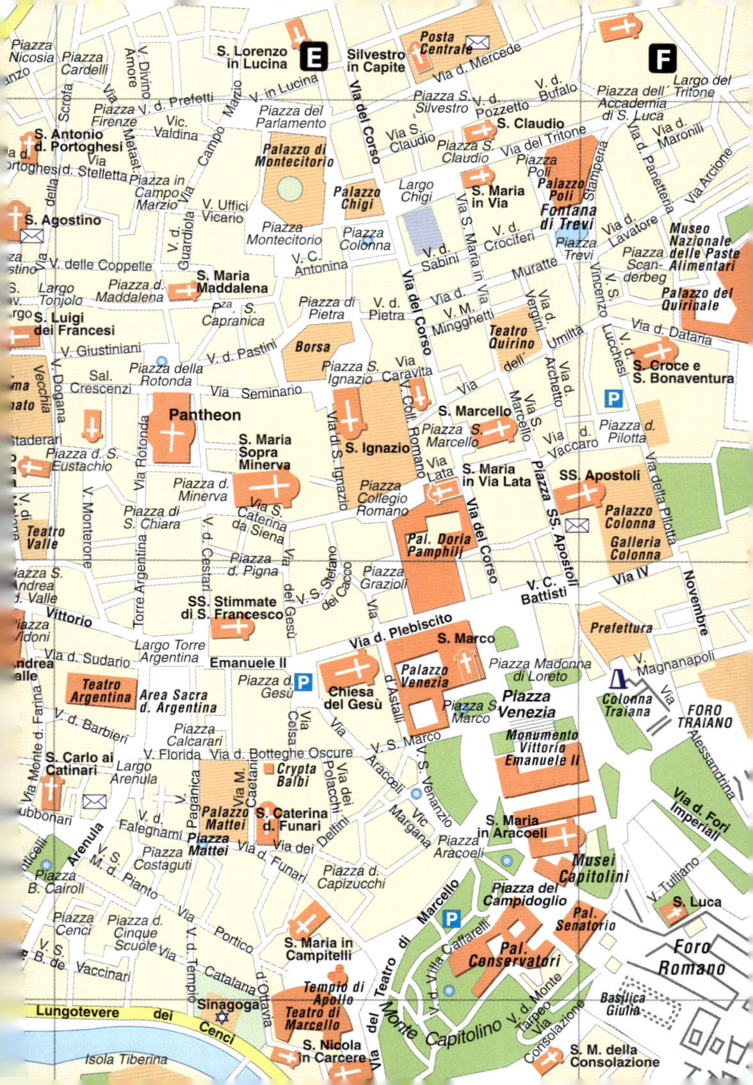
E
F
Piazza Nicosia
Piazza Cardelli
V. Divino Amore
S. Lorenzo in Lucina
Silvestro in Capite
Posta Centrale
Via d. Mercede
Largo del Tritone
Piazza dell´ Accademia di S. Luca
V. d. Bufalo
Piazza S. Silvestro
V. d. Pozzetto
S. Claudio
V. in Lucina
Piazza del Parlamento
Via del Corso
Piazza V. d. Prefetti
Piazza Firenze
Vic. Valdina
Campo Marzio
Via della Scrofa
S. Antonio d. Portoghesi
Via d. Stelletta
Piazza in Campo Marzio
Palazzo di Montecitorio
Via S. Claudio
Piazza S. Claudio
Via del Tritone
Piazza Poli
Palazzo Poli
Via d. Panetteria
Via d. Maroniti
Via Arcione
Palazzo Chigi
Largo Chigi
S. Maria in Via
Fontana di Trevi
Via della Stamperia
V. Uffici Vicario
S. Agostino
Piazza Montecitorio
Piazza Colonna
V. d. Crociferi
Piazza Trevi
Via d. Lavatore
Museo Nazionale delle Paste Alimentari
V. delle Coppelle
V. d. Guardiola
V. C. Antonina
V. d. Sabini
Via S. Maria in Via
Muratte
Piazza Scanderbeg
V. S. Vincenzo
S. Maria Maddalena
Largo Tonjolo
Piazza d. Maddalena
Pza. S. Capranica
Piazza di Pietra
V. d. Pietra
Via d. Vergini
V. M. Mingghetti
Palazzo del Quirinale
S. Luigi dei Francesi
Teatro Quirino
Umiltà
Via d. Dataria
Borsa
V. Giustiniani
V. d. Pastini
Piazza della Rotonda
Piazza S. Ignazio
Via Caravita
V. Lucchesi
S. Croce e S. Bonaventura
Sal. Crescenzi
V. Dogana Vecchia
Via Seminario
V. Coll. Romano
Via dell´ Archetto
Pantheon
S. Marcello
Piazza S. Marcello
Via Vaccaro
Piazza d. Pilotta
S. Maria Sopra Minerva
S. Ignazio
Via di S. Ignazio
Via Lata
S. Maria in Via Lata
Piazza SS. Apostoli
SS. Apostoli
Via della Pilotta
Piazza d. S. Eustachio
Via Rotonda
Piazza d. Minerva
Piazza Collegio Romano
Palazzo Colonna
Galleria Colonna
Via S. Caterina da Siena
Piazza di S. Chiara
V. d. Cestari
V. Monterone
Teatro Valle
Pal. Doria Pamphilj
Via del Corso
Piazza d. Pigna
Via S. Stefano dei Cacco
Piazza Grazioli
Piazza S. Andrea d. Valle
V. C. Battisti
Via IV Novembre
SS. Stimmate di S. Francesco
Via del Gesù
Torre Argentina
Vittorio Emanuele II
Via d. Plebiscito
S. Marco
Prefettura
Largo Torre Argentina
Via d. Sudario
Piazza Vidoni
Palazzo Venezia
Piazza Madonna di Loreto
V. Magnanapoli
Piazza d. Gesù
Chiesa del Gesù
Via d. Astalli
Piazza Venezia
Colonna Traiana
Teatro Argentina
Area Sacra d. Argentina
Piazza S. Marco
FORO TRAIANO
V. d. Barbieri
Via Celsa
Piazza Calcarari
Monumento Vittorio Emanuele II
V. Florida
Via d. Botteghe Oscure
V. S. Marco
Via Alessandrina
S. Carlo ai Catinari
Largo Arenula
Via M. Caetani
Crypta Balbi
Via dei Polacchi
Via Aracoeli
V. S. Venanzio
Via d. Fori Imperiali
Via Monte d. Farina
V. Paganica
Palazzo Mattei
S. Caterina d. Funari
Vic. Margana
S. Maria in Aracoeli
V. d. Falegnami
Piazza Mattei
Via dei Delfini
Piazza Aracoeli
Via Arenula
Via d. Funari
Piazza Costaguti
V. S. M. d. Pianto
Piazza d. Capizucchi
Musei Capitolini
V. Tulliano
Piazza B. Cairoli
Via Portico
Via di Teatro di Marcello
Piazza del Campidoglio
S. Luca
Piazza Cenci
Piazza d. Cinque Scuole
Via d. Tempio
S. Maria in Campitelli
Pal. Senatorio
V. S. B. de Vaccinari
Via Catalana
Via d. Portico d´Ottavia
V. d. Villa Caffarelli
Pal. Conservatori
Foro Romano
Tempio di Apollo
Teatro di Marcello
Sinagoga
Via del Teatro di Marcello
Via Monte Tarpeo
Basilica Giulia
Lungotevere dei Cenci
Via del Monte Capitolino
Via Consolazione
S. Nicola in Carcere
S. M. della Consolazione
Isola Tiberina

2 Rund um den Quirinal
300 m
N
F
G
2
3
4
5
Via Ludovisi
S. Isidoro
Via Cadore
Via Liguria
Palazzo Margherita
Via Sallustiana
Via Lucullo
Via Piemonte
V. Aureliana
Flavia
Via XX Settembre
Via Goito
Cernaia
Crispi
Via degli Artisti
V. Veneto
Via Versilia
S. Maria d. Concezione
Via S. Basilio
Via Umbria
Via Giosuè Carducci
Via Salandra
Via L. Bissolati
Via Susanna
S. Maria d. Vittoria
Settembre
Piazza d. Finanze
Via Montebello
Via Purificazione
Via Cappuccini
Sal. d.
Via S. Nicola da Tolentino
Largo S. Susanna
S. Susanna
Via Pastrengo
Via Calafatimi
Via Volturno
Via Gaeta
Via Sistina
Via Zucchelli
Piazza Barberini
Barberini
Via Barberini
Via S. Nicola da Tolentino
Piazza S. Bernardo
Aula Ottagona
Via Parigi
Museo Nazionale Romano
Terme di Diocleziano
Via del Tritone
Via d. Avignonesi
Gall. Naz. d´Arte Antica
Palazzo Barberini
S. Bernardo alle Terme
V. Barbieri
S. Maria d. Angeli e dei Martiri
Piazza della Repubblica
Via Torino
V. d. Traforo
Via Rasella
Via dei Giardini
XX
V. d. Scuderie
Giardino del Quirinale
Via Quattro
Palazzo d. Drago
Via Modena
Viale L. Einaudi
V. d. Terme di Diocleziano
Viale E. de Nicola
Piazza dei Cinquecento
Repubblica
S. Carlo alle Quattro Fontane
Palazzo del Quirinale
Via del Quirinale
S. Andrea al Quirinale
Fontane
Nazionale
Via Firenze
Teatro dell´Opera
Viminale
Palazzo Massimo
Termini
Presidenza d. Repubblica
Via Ferrara
Piacenza
San Vitale
Via S. Vitale
Via Venezia
Via Napoli
Via d´Azeglio
Cavour
G. Amendola
Piazza del Quirinale
Palazzo della Consulta
Via della Consulta
Palazzo delle Esposizioni
Via Genova
Via Palermo
Piazza del Viminale
A. Depretis
Balbo
Principe Amedeo
Via Daniele Manin
Vic. Mazzarino
Via Parma
Monte Viminale
Villa Colonna
Via XXIV Maggio
Palazzo Rospigliosi
Via Milano
Cesare
Piazza dell´Esquilino
Via Esquilino
Farini
Via Frasche
Via dei
S. Lorenzo in Panisperna
Urbana
Via S. Maria Maggiore
S. Maria Maggiore
Piazza S. Maria Maggiore
S. Silvestro al Quirinale
Mazzarino
Via Capraraccia
Panisperna
Via Quattro Cantoni
Via Paolina
Via S. Prassede
Largo Magnanapoli
Villa Aldobrandini
Via Panisperna
Via Cimarra
Via Cianca-leoni
Via Capocci
Via d. Olmata
Mercati Traianei
Largo Angelicum
Via Boschetto
Via Clementina
Via Storza
S. Prassede
S. Alfonso de´Liguori
Foro Traiano
SS. Domenico e Sisto
Via S. Agata dei Goti
Serpenti
Via degli Zingari
Cavour
Via S. M. ai Monti
Largo Brancaccio
Piazza dell Grillo
Via Baccina
Piazza Madonna d. Monti
Via Leonina
Largo V. Venosta
Via Giovanni Lanza
Via in Selci
Piazza S. Martino ai Monti
Via Madonna dei Monti
S. Martino ai Monti
Merulana
Foro di Augusto
S. Pietro in Vincoli
Piazza S. Pietro in Vincoli
Via Frangipane
Via d. Sette Sale
Viale del Monte Oppio
Museo Naz. d´Arte Orientale
Largo Leopardi
Largo Romolo e Remo
V. Cardello
Via degli Annibaldi
Via Eudossiana
Viale Cesare Ceradini
Via d. Terme di Traiano
Basilica Emilia
Via dei Fori Imperiali
Via d. Carine
Via d. Polveriera
Monte Esquilino
Via Mecenate
S. Lorenzo in Miranda
Viale Monte Oppio
Foro
Basilica di Massenzio
Via Colosseo
Largo G. Agnesi
Via Monte Oppio
Via Terme Tito
Domus Aurea di Nerone
Terme di Traiano
Casa d. Vestali
Tempio di Venere e Roma
Romano
S. Francesca Romana
Colosseo
Piazza del Colosseo
Via Nicola Salvi

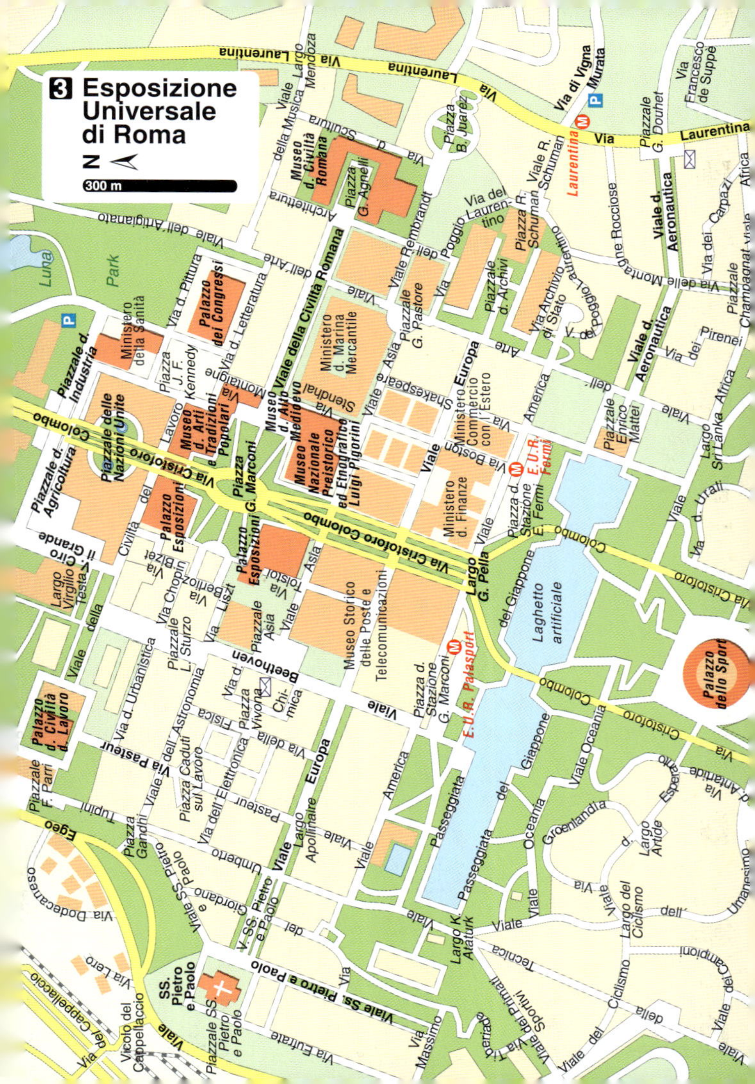

3 Esposizione Universale di Roma
N
300 m
Via Laurentina
Largo Mendoza
Viale della Musica
Museo d. Civiltà Romana
Piazza G. Agnelli
Piazza B. Juarez
Via di Vigna Murata
Laurentina
Piazzale G. Douhet
Via Francesco de Suppè
Viale R. Schuman
Piazza R. Schuman
Via del Poggio Laurentino
Viale Rembrandt
Viale dell'Arte
Viale della Civiltà Romana
Viale dell'Architettura
Viale dell'Artigianato
Luna Park
Palazzo dei Congressi
Via d. Pittura
Via d. Letteratura
Ministero della Sanità
Piazzale d. Industria
Piazza J. F. Kennedy
Via Montaigne
Museo d. Arti e Tradizioni Popolari
Museo d. Alto Medioevo
Ministero d. Marina Mercantile
Viale Asia
Piazzale G. Pastore
Piazzale d. Archivi
Via Archivio di Stato
Viale d. Aeronautica
Viale delle Montagne Rocciose
Via dei Carpazi
Piazzale Champagnat
Via dei Pirenei
Viale Africa
Piazzale delle Nazioni Unite
Piazzale d. Agricoltura
Viale del Lavoro
Via Cristoforo Colombo
Piazza G. Marconi
Museo Nazionale Preistorico ed Etnografico Luigi Pigorini
Via Stendhal
Viale Shakespeare
Viale Europa
Ministero Commercio con l'Estero
Via Boston
Viale America
E.U.R. Fermi
Piazzale Enrico Mattei
Largo Sri Lanka
Viale d. Urali
Palazzo Esposizioni
Viale della Civiltà del Lavoro
Viale Il Ciro Grande
Largo Virgilio Testa
Via Bizet
Via Chopin
Via Berlioz
Via Liszt
Via Tolstoi
Ministero d. Finanze
Piazza d. Stazione E. Fermi
Largo G. Pella
Viale del Giappone
Laghetto artificiale
Palazzo dello Sport
Museo Storico delle Poste e Telecomunicazioni
Piazzale Asia
Piazzale L. Sturzo
Viale Beethoven
Via d. Chimica
Piazza Vivona
Viale d. Urbanistica
Viale dell'Astronomia
Via della Fisica
Piazza d. Stazione G. Marconi
E.U.R. Palasport
Palazzo d. Civiltà d. Lavoro
Via Pasteur
Piazza Caduti sul Lavoro
Viale dell'Elettronica
Largo Apollinaire
Viale Oceania
Viale Groenlandia
Largo Artide
Via dell'Atlantide
Via dell'Esperanto
Piazzale F. Parri
Via Tupini
Viale Egeo
Piazza Gandhi
Viale SS. Pietro e Paolo
Viale Umberto Giordano
V. SS. Pietro e Paolo
Passeggiata del Giappone
Largo K. Atatürk
Viale dell'Umanesimo
Largo del Ciclismo
Viale del Ciclismo
Viale dei Campioni
Viale della Tecnica
Viale dei Primati Sportivi
Via Tiberiade
Via Massimo
Viale Ss. Pietro e Paolo
SS. Pietro e Paolo
Piazzale SS. Pietro e Paolo
Via Eufrate
Via Dodecaneso
Via Lero
Vicolo del Cappellaccio
Via del Cappellaccio
Viale del Pattinaggio

A
Piazza di S. M. delle Grazie
Via Candia
Via Vittor Pisani
Via Cipro
Via della Meloria
Via R. Fiore
Via M. Bragadin
Via F. Sivori
Via Domenico Millelire
Via Angelo Emo
Viale Vaticano
Viale Centro del Bosco
2
Fontana dell'Aquilone
Radio Vaticana
Clivo delle Mura Vaticane
Grotta di Lourdes
Collegio Etiopico
Governatorat
Via del
Mura di Leone IV
Eliporto
Radio Vaticana
3
Stazione
Palaz
Gius
Viale Vaticano
Via Nicolò V
4 Der Vatikan
150 m
N

B
C
Sebastiano Veniero
Viale Vaticano
Ingresso ai Musei Vaticani
Museo Gregoriano Etrusco
Via Leone IV
Via Vespasiano
Via Ottaviano
Via dei Gracchi
Uscita
Museo
regoriano
Profano
Musei Vaticani
Necropoli dell´Autoparco
Piazza del Risorgimento
Via Crescenzio
Cortile del Pigna
Museo Chiaramonti
Pinacoteca
Giardino Quadrato
Osservatore Romano
Musei Vaticani
Via Pio X
Via di Posta
Via di Porta Angelica
Via Mascherino
Stradone dei Giardini
Biblioteca Apostolica
Sant' Anna
Pontificia Accademia delle Scienze
Posta Centrale
Tipografia Vaticana
Borgo Vittorio
Via d. Belvedere
V. di Porta Angelica
Fontana del Sacramento
Cortile del Belvedere
Borgo Pio
Caserma degli Svizzeri
Stanze di Raffaello
Via d. Corridori
Borgo S. Angelo
Cappella Sistina
Portone di Bronzo
Piazza San Pietro
Basilica di San Pietro
Piazza Pio XII
Arco delle Campane
Borgo S. Spirito
Ufficio Postale
Museo Storico Artistico
Ufficio Scavi
Santa Maria della Pietà
Piazza
Marta
Palazzo del Sant'Uffizio
Sagrestia
Aula delle Udienze
Palazzo di Santa Marta
Via di Porta Cavalleggeri

5 Via Appia Antica
600 m
F
G
H
I
J
6
7
8
9
10
11
12
Piazza S. Giov. Laterano
Scala Santa
Piazza di Santa Croce in Gerusalemme
Via di S. Stefano Rotondo
Via D. Navicella
Via Amba Aradam
Via dei Laterani
Piazza di Porta S. Giovanni
Via Carlo Felice
Via Castrense
Via La Spezia
San Giovanni in Laterano
Porta S. Giovanni
Via Taranto
Via Terni
Piazza di Villa Fiorelli
Via Enna
Via delle Terme di Caracalla
S. Nereo e Achille
S. Sisto Vecchio
Porta Metronia
Via Illiria
V. Metaponto
Via Sannio
Via Magna Grecia
Via Appia Nuova
V. Aosta
Terme di Caracalla
Piazzale Numa Pompilio
Mura Aureliane
Viale Metronio
Via Pannonia
Via Licia
Via Gallia
Via Cerveteri
Piazza dei Re di Roma
Piazza Asti
Piazza Ragusa
Via Tuscolana
Chiesa di San Cesareo de Appia
Via di Porta Latina
Via di Porta S. Sebastiano
Piazza Tuscolo
Via Pomezia
Via Albalonga
Via Etruria
Via Saluzzo
Via Gela
Roma Tuscolana
Casina del C. Bessarione
Viale Guido Baccelli
Chiesa di San Giovanni a Porta Latina
Porta Latina
Via Latina
Via Populonia
V. Vetulonia
Via Acaia
Via Britannia
Via Imera
Via Satrico
Piazza Zama
Piazza di Ponte Lungo
Sepolcro degli Scipioni
Arco di Druso
Colombario di Pomponio Hylas
Viale di Porta Ardeatina
Porta Ardeatina
Museo delle Mura
Porta di S. Sebastiano
Viale Marco Polo
Via Cilicia
Appio Latino
Via Cristoforo Colombo
Via Appia Antica
Circonvallazione Ostiense
Circonvallazione Ardeatina
Tomba di Geta
Domine Quo Vadis?
Tomba di Priscilla
Via Padre Semeria
Via G. Trevis
Via Tito Omboni
Piazza C. Nerazzini
Via R. Franchetti
Via Ardeatina
Via delle Sette Chiese
Catacombe di Domitilla
Catacombe di S. Calisto
Torre dei Sepolcri
Catacombe di Pretestato
Catacombe Ebraiche
Marrana della Caffarella
Via di Tor Marancia
Viale Carlo Tommaso Odescalchi
Fosse Ardeatine
Vicolo delle Sette Chiese
Vicolo della Basilica
Torre di Romolo
Villa di Massenzio
Circo di Massenzio
S. Sebastiano e Catacombe
Via della Platonia
Via di S. Sebastiano
Tomba di Cecilia Metella
Via Etruria
Via Appia
Via Casilina
Via Tuscolana
Porta S. Sebastiano
Appio Latino
Via Ostiense
Colombo
Tevere
Catacombe di Domitilla
Catacombe di S. Calisto
Circo di Massenzio
Tomba di Cecilia Metella
Fosse Ardeatine
S. Sebastiano e Catacombe
Viale Guglielmo Marconi
Via Cristoforo
Via Grotta Perfetta
Via Ardeatina
Via Appia Pignatelli
Nuova
E.U.R.
Tumulo dei Curiazi
Villa dei Quintili
Casal Rotondo
Torre in Selce
2 km

Redaktionelle Mitarbeit: Jack Altman (Streifzüge, Extras), Francesca Grazzi, Ilaria Ventresca (Wahl der Adressen)
Deutsche Fassung (Streifzüge, Extras): Andreas Riehle
Redaktion: Andreas Uebelhart, Eva Antonnikov
Gestaltung: Matias Jolliet
Fotos: hemis.fr/Gardel S. 4, 72; /Frances: S. 12 (rechts), 29, 47; /Mattes S. 16, 67, 71; /Boisberranger S. 40, 80; David Cretegny S. 8, 22, 41, 59; istockphoto.com/Adrian Beesley S. 12 (links); /lullabi S. 15; /Marc Schwanebeck S. 19; /fotoVoyager S. 33, 43, 55; /Bruce Bean S. 52; /vulkanino S. 53; /winterwitch S. 70; Barbara Ender S. 37; Andreas Uebelhart S. 61, 86; ©CinecittaStudios S. 84; Corbis/cinemaphoto S. 85
Kartografie: Elsner & Schichor; JPM Publications

Printed in Switzerland – 12033.02.4411, Weber/Bienne – **Ausgabe 2009**